Hildebrand Henatsch

*Jesus Christus –
Provokateur zum Leben*

Jesus Christus – Provokateur zum Leben

„Ich lebe, und ihr sollt auch leben!“

Hildebrand Henatsch

Steinmann

Meinen Kindern und Enkeln
und allen, die Mühe haben, die christliche Botschaft
zu verstehen und zu glauben

Erste Auflage

ISBN 978-3-927043-40-4
Covergestaltung: Elsa von Rahden, Fischerhude
Titelfoto: fotolia – „zeugma mosaics“

Herstellung: Books on Demand GmbH, Norderstedt

www.steinmannverlag.de

Inhaltsverzeichnis

IV. Jesus der „Sohn Gottes“

Nachwort

Wozu dieses Buch?

Vor mehr als fünfzig Jahren war ich Lehrling bei der Firma Bosch in Hildesheim. Während dieser Zeit gehörte ich der Evangelischen Jungenschaft in der dortigen Michaelisgemeinde an. In unseren Gruppenabenden sangen wir unsere Lieder aus dem „Schildknappen", dem Liederbuch der Jungenschaft. Eines davon – es war das so genannte Bundeslied des „BK", des *Bundes deutscher Schülerbibelkreise* – habe ich bis heute im Gedächtnis behalten. Es beginnt mit den Zeilen: *„Es klingt ein Ruf in deutschen Gauen: / Wer will ein Streiter Christi sein? / Auf, Brüder, helft sein Reich uns bauen! / Ihm wolln wir dieses Leben weihn!"*

Wir haben dieses und andere ähnliche christliche Lieder mit Begeisterung gesungen. Heute frage ich mich: Was haben wir uns damals dabei gedacht? Ein „Streiter Christi" sein wollen – „sein Reich bauen" helfen! Das bedeutete ja: Ich bezeuge mein Christsein nicht nur durch den Besuch des Gottesdienstes am Sonntag oder durch das Singen christlicher Lieder. Sondern zu fragen wäre gewesen: Wo und wie kann ich etwas für andere Menschen tun oder mich für ihre gerechten Belange einsetzen? Wie mische ich mich als Christ ein in Fragen und Probleme unserer Zeit? Über solche Fragen haben wir nach meiner Erinnerung damals nicht nachgedacht. Wichtig war uns die Zugehörigkeit zur Gruppe – das Gefühl, der Sache Jesu Christi anzugehören. Unser Glaube war im Wesentlichen innerlich-emotional bestimmt.

Als ich dann selber Leiter unserer Gruppe wurde, hatte ich biblische, vor allem neutestamentliche Texte in der Andacht zu Beginn unserer Gruppenstunde auszulegen. Mit dem Wort, mit meinen Gedanken, konnte ich der Sache Jesu Christi dienen, so gut ich es verstand. Diese Aufgabe gab meinem Leben damals eine neue Richtung. Sie hat mit dazu geführt, dass ich Theologe und Pastor geworden bin.

Heute, nach dem Ende meiner Dienstzeit als Pastor, möchte ich dem nachgehen, was aus meiner damaligen Begeisterung für die Sache Jesu Christi geworden ist. Wie ist die Botschaft Jesu Christi für mich nach zwölf Semestern Theologiestudium und

35-jähriger Praxis als Pastor theologisch darzustellen und zu begründen?

Während meines Studiums der Theologie hatten wir als Studenten die Texte der Bibel der (ernüchternden) historisch-kritischen Textforschung zu unterziehen. Wir hatten uns mit der Frage Rudolf Bultmanns auseinanderzusetzen, wie vor allem die Texte des Neuen Testamentes, die von Jesus berichten oder ihn bezeugen, zu *entmythologisieren* seien. Damit ist gemeint: Die dort enthaltenen Berichte und Bekenntnisaussagen begegnen uns in den Vorstellungen der antiken Religionswelt und ihres mythischen Weltbildes. Die Aufgabe der Theologie und heutiger Verkündigung ist es, die mythologischen Vorstellungen in unsere durch Aufklärung und Wissenschaft geprägte Zeit zu übertragen – sie für aufgeklärte Menschen heute zu interpretieren. Ich habe dabei gelernt: Man kann Glauben und Vernunft nicht trennen. Der Glaube richtet sich zwar auf den Frieden Gottes, „der *höher* als alle Vernunft" (Paulus), aber nicht *gegen* alle Vernunft ist. In der Auslegung der Texte und in der Verkündigung der Sache Jesu Christi war und ist „intellektuelle Redlichkeit" gefordert.

Als Gemeindepastor hatte ich mich dann damit auseinanderzusetzen, wie sehr die Bedeutung Jesu in der Liturgie unserer Gottesdienste und in unserem Gesangbuch bis in unsere Zeit durch die mythische Vorstellungswelt der Antike bestimmt und geprägt ist. Danach erscheint Jesus als Gottes Sohn, von der Jungfrau Maria geboren, der um unserer Sünden willen den Tod am Kreuz starb. Durch sein Opfer am Kreuz erwirkt er die Gnade vor Gott und lässt uns Menschen im Angesicht Gottes gerechtfertigt sein. Im Glauben gilt es, dieses für uns geschehene Werk Jesu Christi anzunehmen, und damit der Gnade Gottes gewiss zu werden.

Folgt man aber dem, wie die Evangelien die Verkündigung und den Weg Jesu bezeugen, tritt uns ein anderer Jesus entgegen. Er opfert sich nicht für unsere Sünden, sondern er ruft heraus – „pro-voziert" – in seine Nachfolge. Der Glaube an ihn wird hier vor allem als „Heilung" des Menschen, d.h. als Befreiung zu einem Leben aus Gottes Liebe verstanden. Der Friede Gottes, wie ihn die Gestalt Jesu vermittelt, meint nicht nur den eigenen Seelenfrieden, sondern zugleich und vor allem auch den Frieden dieser Welt. Diesem Verständnis der Gestalt Jesu und seiner Bedeutung für uns heute will ich im Einzelnen nachgehen. Dabei werde ich in den folgenden Kapiteln von Aussagen unseres Glaubensbekenntnisses ausgehen, wie wir es normalerweise jeden Sonntag in unseren Gottesdiensten sprechen.

Inzwischen ist eine Fülle wissenschaftlicher Arbeiten erschienen, die sich der Frage stellen, wer Jesus von Nazareth wirklich war, was man von ihm historisch wissen kann.[1]

Mit meinem Beitrag verfolge ich primär aber gar kein historisch-wissenschaftliches Interesse. Sondern vor dem Hintergrund dessen, was wir heute über Jesus wissen können, frage ich, wer Jesus Christus für mich – für uns heute – ist. Wie können wir unseren Glauben so verstehen, dass unser Handeln als Christen Jesus gemäßer und damit auch zeitgemäßer wird?

Inwiefern ist es theologisch gerechtfertigt oder gar gefordert, sich von der Sache Jesu Christi so in Anspruch nehmen zu lassen, wie wir Jungenschaftler es damals mit der Liedzeile: *„Auf, Brüder, helft sein Reich uns bauen!“* zum Ausdruck gebracht haben?

Meinem Freund, Pastor Ludolf Ulrich, danke ich für die theologische Begleitung meines Manuskriptes und meiner Frau, Marion Frère, für stilistische Hinweise und Korrekturen. Nicht zuletzt danke ich Dr. Werner Steinmann für die Durchsicht und Verlegung meines Buches.

---

[1] Diese beziehen sich wesentlich auf zwei Themenbereiche: Jesus war Jude und kann ohne seine jüdische Herkunft nicht wirklich verstanden werden. Zum anderen: Die Verkündigung Jesu steht im Kontext der sozialen, politischen und religiösen Verhältnisse seiner Zeit. Von seiner Herkunft her gehörte Jesus zur Unterschicht – zu den „kleinen Leuten“, zu den „Armen“. Ihnen vor allem hat er seine Botschaft verkündet. Dazu kommt die Erforschung außerbiblischer Quellen. Welchen Einfluss haben sie auf das Jesusbild gehabt? Auch in journalistischen Beiträgen wurde untersucht, was sich aus außerbiblischen Quellen und archäologischen Funden über die historische Gestalt Jesu ermitteln lässt, und inwieweit diese das gängige Jesusverständnis oder Jesusbild infrage stellen.

I. Der Glaube an Jesus Christus

„Ich glaube an Jesus Christus ...“ – so beginnt unser Glaubensbekenntnis, das wir jeden Sonntag im Gottesdienst sprechen.

Genauer müsste es heißen: „Ich glaube an Jesus, *den* Christus!“ Denn in dem Wort „Christus“ ist bereits ein Bekenntnis enthalten. „Ich glaube“, dass Jesus der *chrestos* (griechisch), der *Messias* (hebräisch), zu Deutsch: *„der gesalbte König“,* ist. D.h. die uralte Hoffnung auf Gerechtigkeit ist angesprochen. Sie ist uns vom Judentum, von den Propheten des Alten Testaments, überliefert. Ein König der Gerechtigkeit und des Friedens wird kommen. Ungerechtigkeit und Krieg auf Erden werden ein Ende finden. Dieser König wird aus dem Geschlecht Davids hervorgehen.

Neben vielen anderen Stellen heißt es beim Propheten Jeremia: *„Siehe, es kommt die Zeit, spricht der Herr, dass ich dem David einen gerechten Spross erwecken will. Der soll ein König sein, der wohl regieren und Recht und Gerechtigkeit im Lande üben wird. ... Und dies wird sein Name sein: Der Herr unsere Gerechtigkeit“ (*Jer 23,5.6).

Wenn wir als Christen bekennen: „Jesus ist der Christus“, dann bekennen wir: mit dem Kommen Jesu erfüllt sich diese Hoffnung auf den „König der Gerechtigkeit“!

Aber in welcher Hinsicht? Wie ist die Erfüllung dieser Hoffnung durch Jesus Christus zu verstehen? Jesus war ja kein „König“, kein Herrscher, der mit weltlicher Macht ein Reich der Gerechtigkeit errichten wollte. Er endete vielmehr als machtloser Mensch am Kreuz. Worin also besteht seine „Macht“, seine Autorität, dass sich noch heute Menschen auf ihn berufen?

1. Jesu Verkündigung des Reiches Gottes

Im Zentrum der Verkündigung Jesu, wie sie uns in den ersten drei Evangelien überliefert ist, steht die Ansage des „Reiches Gottes“. Hier wird erkennbar, wie Jesus nach dem Zeugnis der Evangelien die prophetische Verheißung verstanden, wie er sie übernommen und erneuert hat.

Jesu Verkündigung des „Reiches Gottes“ hat – wie gesagt – seine Wurzel in der prophetischen Erwartung des zukünftigen Friedensreiches. In besonderer Weise verbindet sich beim Propheten Jesaja diese Verheißung mit der Ankündigung des Friedefürsten. Er wird der Ungerechtigkeit und Gewalt der Herrschenden ein Ende bereiten. In die „Finsternis“ der gegenwärtigen Zustände wird ein helles „Licht“ hineinstrahlen. Denn ein Kind, ein Nachkomme aus dem Geschlecht Davids, wird geboren werden. Er wird als „Friedefürst“, als „Gottes Held“ die Herrschaft übernehmen. Das „drückende Joch“ auf den Schultern des Volkes und „die Stecken der Antreiber“ wird er „zerbrechen“. Sein Friedensreich wird kein Ende haben. Er wird es „stärken und stützen“ durch „Recht und Gerechtigkeit“ (Jes 9,1-6).

Später, als das Volk Israel durch die Assyrer besiegt war und unter der Herrschaft dieser orientalischen Großmacht leben musste, erneuerte sich die Verheißung des Propheten: Aus dem Geschlecht des Königs Davids wird ein Nachkomme hervorgehen. *„Auf ihm wird der Geist Gottes ruhen, der Geist der Weisheit und des Verstandes, der Geist des Rates und der Stärke, der Geist der Erkenntnis und der Furcht des Herrn“* (Jes 11,1-2). Er wird das Volk Israel wieder aufrichten und sammeln. Die Armen wird er mit Gerechtigkeit regieren und die Gewalttätigen strafen. In diesem Friedensreich wird es keine Gewalt mehr geben. Das Bild dafür entnimmt der Prophet der Tierwelt: *„Die Wölfe werden bei den Lämmern wohnen und die Panther bei den Böcken. Ein kleiner Knabe wird Löwen und Rinder miteinander treiben ... Der Löwe wird Stroh fressen, und ein kleiner Junge wird am Loch der giftigen Otter ohne Gefahr spielen“* (Jes 11,6-8).

Der letzte Teil des Jesajabuches schließlich weist hinein in die Zeit der Babylonischen Herrschaft. Der Tempel in Jerusalem ist zerstört. Die Oberschicht des Volkes ist in die babylonische Gefangenschaft verbannt. In dieser Zeit der Unterdrückung und Hoffnungslosigkeit verkündet der Prophet die frohe Botschaft von der kommenden Herrlichkeit Gottes (Jes 60-62).

Auch hier wird Gottes Zukunft als Befreiung des Volkes von der drückenden Fremdherrschaft angesagt. Die gute Botschaft richtet sich an die „Elenden“, an die „zerbrochenen Herzen“

und an die „Gefangenen“. Sie sollen „frei und ledig sein“ (Jes 61,1). Sie werden den Tempel wieder aufrichten und die verwüsteten Städte wieder aufbauen.

Die Verheißung des zukünftigen Friedens richtet sich nicht auf ein jenseitiges Gottesreich. Sie verheißt einen Frieden in dieser Welt. Die gegenwärtigen Verhältnisse der Unfreiheit und Unterdrückung sind nicht von Gott gewollt. Gott ist der Herr, *„der das Recht liebt und Raub und Unrecht hasst“* (Jes 61,8).

Sehr viel später, im Buch des Propheten Daniel, das im 2. Jh. v. Chr. entstanden sein dürfte, hat sich die Verheißung des zukünftigen Friedensreiches in ein endzeitliches (apokalyptisches) Gottesreich verwandelt. Die Vision dieses Gottesreiches wird Daniel in einer Offenbarung zuteil (Dan 7-12). In der Gestalt von Tieren sieht der Prophet die Reiche der mächtigen Völker nacheinander vergehen. Am Ende der Zeit großer Trübsal und Bedrängnis schließlich erscheint der *„Menschensohn“* auf *„den Wolken des Himmels“*. Ihm wird die Macht über alle Reiche übergeben. Alle Völker werden ihm dienen. *„Seine Macht ist ewig und sein Reich hat kein Ende“* (Dan 7,27). Diese apokalyptische Sicht der Zukunft Gottes wird durch den Einfluss iranischer (persischer) Theologie entstanden sein.

In einer Zeit, in der die Fremdherrschaft übermächtig war und die Hoffnung auf Befreiung erlosch, richtete sich der Glaube auf das Ende dieser Welt. Danach werde Gott diese Welt mit ihrer Ungerechtigkeit und Gewalttätigkeit richten und seine neue Welt – das „Reich Gottes“ – heraufführen.

Zur Zeit Jesu lebten die Frommen in dieser Erwartung. Die Ankunft des jenseitigen „Reiches Gottes“ wurde als kurz bevorstehend gedacht, und zwar im Kontext der Vorstellung vom göttlichen Gericht. Vor diesem Gericht müsse sich der einzelne Mensch mit seinem Tun und Lassen verantworten. Die Gerechten, die sich an die Gebote und Gesetze hielten, würden in die Freude des Reiches Gottes eingehen. Die Sünder aber, die die Gebote Gottes verachteten, würden ihre Strafe im Feuer der ewigen Verdammnis empfangen.

Nach dem Bericht der Evangelien ist es zunächst Johannes der Täufer, der die baldige Ankunft des Reiches Gottes als nahes Endgericht ankündigt. Er lebte als Asket in der Wüste.

„Johannes trug ein Gewand aus Kamelhaaren und einen ledernen Gürtel um seine Lenden und aß Heuschrecken und wilden Honig" (Mk 1,6). Die Menschen, die zu ihm in die Wüste hinauskamen, wurden aufgefordert, *„Buße zu tun"*, ihr Leben zu ändern, um dem Strafgericht Gottes zu entgehen. Wer sich von ihm im Jordan taufen ließ und sein Leben nach den Geboten Gottes ausrichtete, der wurde von seiner Schuld befreit und konnte dem nahen Endgericht Gottes mit Zuversicht entgegensehen. *„Es ist die Axt den Bäumen schon an die Wurzel gelegt. Jeder Baum, der nicht gute Frucht bringt, wird abgehauen und ins Feuer geworfen ... Er hat die Worfschaufel in der Hand; er wird die Tenne fegen und seinen Weizen in die Scheune sammeln; aber die Spreu wird er verbrennen mit unauslöschlichem Feuer"* (Mt 3,10.12).

Jesus – so wird angenommen – war ein Schüler Johannes des Täufers. In den Evangelien wird erzählt, wie er zu Johannes kommt, um sich von ihm taufen zu lassen. Danach aber verlässt Jesus die Wüste, den Ort der Abgeschiedenheit, um seine eigene Botschaft des Reiches Gottes zu verkünden. Er geht nach Galiläa. Er geht dorthin, wo Menschen leben und arbeiten – als Fischer, Handwerker oder Zöllner. Er geht dorthin, wo Menschen unter Krankheiten und Besessenheit und unter dem Druck der Verhältnisse leiden: unter der Ausbeutung der Großgrundbesitzer, unter der Militärherrschaft der Römer und – nicht zuletzt – unter der Gesetzlichkeit der Frommen (Pharisäer).
In diese Welt hinein verkündete Jesus seine Botschaft vom nahen „Reich Gottes".

Nach dem Bericht des Evangelisten Markus[2] beginnt er sie – ähnlich wie Johannes der Täufer – mit den Worten: *„Die Zeit ist*

---

[2] Sein Evangelium wird als das ursprüngliche gesehen. Es bildet die Grundlage, die von den Evangelisten Matthäus und Lukas um Worte und Geschichten Jesu erweitert und mit einer jeweils anderen Konzeption versehen wurde. Wegen ihrer Ähnlichkeit nennt man sie die synoptischen Evangelien, die mittels einer Konkordanz miteinander verglichen werden können. Das Evangelium des Johannes hat einen besonderen Charakter und eigenen Aufbau.

erfüllt. Das Reich Gottes ist nahe. Kehrt um und glaubt an die gute Botschaft" (Mk 1,15).

Offensichtlich ist diese Ankündigung nicht im apokalyptischen Sinne als Einbruch des Endgerichtes Gottes zu verstehen. Sondern Jesus versteht seine Botschaft in der Tradition der Propheten des Alten Testaments als Zusage der Befreiung aus Gefangenschaft, Krankheit und Armut. Programmatisch berich-tet Lukas, wie Jesus zu Beginn seiner Wirksamkeit in der Synagoge zu Nazareth aus dem Buch des Propheten Jesaja die Worte zitiert: *„Der Geist des Herrn liegt auf mir, um den Armen frohe Kunde zu bringen. Er hat mich gesandt, Gefangenen ihre Freilassung zu verkünden, Blinden, dass sie sehen können, Misshandelten die Freiheit zu bringen und ein Gnadenjahr des Herrn auszurufen."* Und anschließend heißt es: *„Heute ist dieses Wort erfüllt vor euren Ohren"* (Lk 4,18-21).

Im Sinne der prophetischen Verheißung also weiß sich Jesus zu den Armen und Verlorenen, zu den Kranken, den Sündern und Zöllnern gesandt. Ihnen wird das „Evangelium", die „gute Nachricht", verkündet. Und das Besondere und Herausfordernde dieser guten Nachricht ist: Jesus verkündet keine ferne Zukunft, sondern das „Reich Gottes" als nahe und gegenwärtig. Es ereignet sich bereits in seinen Worten, in seinem Handeln, wobei seine Heilungswunder, seine Dämonenaustreibungen als Zeichen, die auf eben jenes bereits anbrechende „Reich Gottes" verweisen, zu verstehen sind. Bei Matthäus und ähnlich in der Parallelstelle bei Lukas heißt es: *„Wenn ich die bösen Geister durch den Geist Gottes austreibe, so ist ja das Reich Gottes zu euch gekommen"* (Mt 12,28). Und auf die an Jesus gerichtete Frage der Jünger des Johannes, ob er der sei, *„der da kommen soll"*, antwortet Jesus mit dem Hinweis auf seine Wundertaten: *„Geht hin und sagt Johannes, was ihr seht: Blinde sehen und Lahme gehen, Aussätzige werden rein und Taube hören, Tote stehen auf, und Armen wird Gottes gute Botschaft verkündet"* (Mt 11,4.5).

Sicherlich sind die Wundertaten Jesu später überhöht und überzeichnet worden. Dass Jesus aber das Charisma der Heilung besaß, ist unter heutigen Forschern unstrittig. Wichtig ist: Seine Wundertaten gehören hinein in die Verkündigung des nahen

Gottesreiches. Jesus will sich nicht als Wundertäter einen Ruf erwerben, wie andere Wundertäter in der Antike. Vielmehr soll deutlich werden: Gottes nahe Herrschaft – und damit das Kommen des Messias – ist nicht als Endgericht, als Vernichtung zu verstehen. Gottes Reich ist auch nicht einer fernen Zukunft vorbehalten. Sondern Gottes Herrschaft will das Leben in dieser Welt schon jetzt erneuern. Gottes Reich löst diese Welt nicht ab, indem sie vorher vernichtet wird, sondern es beginnt im Kleinen, in der einzelnen heilenden Tat. Gottes Reich beginnt dort, wo Menschen gesund werden an Leib und Seele. Es beginnt dort, wo Krankheit nicht mehr als gottgewolltes Schicksal oder gottgewollte Strafe verstanden werden. Gottes Wille ist nicht in der Krankheit als Strafe für ein verfehltes Leben zu erkennen. Sondern Gott will die Heilung der Krankheit.[3]

Dass Jesus „Reich Gottes“ als Durchdringung und Veränderung dieser Welt versteht, wird vor allem an seinen Gleichnissen deutlich.[4]

Das „Reich Gottes“ ist wie ein Samenkorn, das ein Bauer aussät. Der Same fällt auf unterschiedlichen Acker, wird von Dornen überwuchert, findet auf felsigem Boden nicht genügend Feuchtigkeit oder wird von den Vögeln gefressen. Aber die

---

[3] Diese Befreiung vom Fluch der Krankheit als Strafe Gottes kommt in der Geschichte von einem blindgeborenen Menschen zum Ausdruck (Joh 9). Als Jesus mit seinen Jüngern dem Blinden begegnet, fragen ihn seine Jünger, wer gesündigt habe: er selbst oder seine Eltern? D.h. sie gehen davon aus, dass die Blindheit des Blinden die Folge einer Schuld und somit eine Strafe sei. Jesus antwortet: *„Es hat weder dieser gesündigt noch seine Eltern, sondern es sollen die Werke Gottes an ihm offenbar werden“* (V. 3). Das „Werk Gottes“ vollzieht Jesus daraufhin an dem Blinden, indem er ihn heilt. Aus einem Menschen, der wegen seiner bisher schicksalhaften Blindheit als Bettler leben musste, wird ein Mensch, über den sich die Menschen nun verwundern. Denn er kann frei herumlaufen, ist nicht mehr auf die Hilfe anderer angewiesen ist, sondern kann sein Leben selbst in die Hand nehmen.

[4] In der neueren Jesusforschung wird darauf hingewiesen, dass die Gleichnisse Jesu zwar in der Tradition der rabbinischen Lehre stehen, aber in ihrer erzählerischen Kraft und Dichte einmalig sind.

Samenkörner, die auf guten Boden fallen, bringen hundertfältige Frucht. Das Gleichnis will sagen: Das Friedensreich Gottes setzt sich gegen den Augenschein durch. Gegen die Widerstände, die es in unserer Welt hoffnungslos erscheinen lassen, findet es dennoch den Boden, der fruchtbar ist. In der nachfolgenden Erklärung werden die verschiedenen Hindernisse auf uns Menschen übertragen. Der Boden für das Samenkorn des Friedens ist das menschliche Herz. Die Hindernisse, die dem Frieden Gottes entgegenstehen, sind wir Menschen mit unserer Hartherzigkeit, mit unseren Eigen- oder Machtinteressen.

Andere Gleichnisse vergleichen das Reich Gottes mit ein wenig Salz, das die Suppe würzt, oder mit einem Sauerteig, der den Teig durchsäuert.

Diesen Gleichnissen ist gemeinsam: Gottes Herrschaft beginnt im Kleinen, im zunächst Verborgenen. Nicht das apokalyptische Endgericht bringt die neue Welt Gottes hervor, nicht die Militärmacht eines König oder Kaisers, nicht die gewaltsame Revolution, die das Untere nach Oben kehrt, um dann doch wieder in die Gewaltherrschaft, in die Tyrannei zu münden. Sondern, so sagt es Jesus: *„Gottes Herrschaft ist mitten unter euch“* (Lk 17,21). Sie ist dort, wo Jesus auftritt und wo Menschen sich im Sinne Jesu verändern und erneuern lassen.

Nach der Kreuzigung Jesu hat die frühe christliche Gemeinde Jesu Ankündigung des Reichs Gottes im Sinne der apokalyptischen Tradition verstanden.[5] Auch in der neueren Theologie-

---

[5] In der frühen christlichen Gemeinde hat sich zunächst die apokalyptische Erwartung des nahen Reiches Gottes fortgesetzt. In der „Offenbarung des Johannes“, im letzten Buch der Bibel, wird die Endzeit dieser Welt als Strafgericht Gottes, als Zeit großer Katastrophen und Leiden dargestellt, bis dann der Menschensohn, der wiederkehrende Christus, erscheint und Gott sein Friedensreich errichtet. Gott schafft einen *„neuen Himmel“* und *„eine neue Erde“*.
Er wird alle Tränen abwischen. Es wird kein Leid mehr geben. Von dieser nachösterlichen Naherwartung sind auch einige Gleichnisse und Worte Jesu in den Evangelien geprägt. So setzt Jesu so genannte „Rede von der Endzeit“ in Mk 13 par die Erfahrung der Zerstörung des Tempels in Jerusalem durch die Römer 70 n. Chr. voraus. Sie

und Kirchengeschichte gibt es die Kontroverse, wie die Zukunft des „Reiches Gottes" zu verstehen sei.
Realisiert es sich schon jetzt in dieser Welt? Können Fortschritte der Medizin oder in der sozialen und politischen Entwicklung als Zeichen des sich ausbreitenden Reiches Gottes verstanden werden? Oder ist es rein zukünftig als „übernatürlicher" Einbruch eines jenseitigen Reiches gemeint?

Folgt man seinen ursprünglichen Gleichnissen, provoziert Jesus mit seiner Botschaft ein neues Verständnis dessen, was unter Gottes Zukunft zu verstehen ist. Er ruft heraus aus der Furcht vor dem Strafgericht, aus der Machtlosigkeit, aus dem Gang der Welt. Er findet sich nicht damit ab, der etablierten Ordnung ausgeliefert zu sein. Er ermutigt zum verändernden und erneuernden Tun des Gerechten und der Liebe. Das Samenkorn oder der Sauerteig der heilenden und gerechten Tat verändert die Welt.

2. Die Verheißung eines erfüllten Lebens

In Mt 9,35-37 wird erzählt, wie Jesus in den Städten und Dörfern Galiläas lehrt und das Evangelium von dem Reich Gottes predigt. Dabei sieht er die Not des Volkes. Er sieht, wie es *„zerstreut und verschmachtet"* ist. Und daraufhin spricht er zu seinen Jüngern die Worte: *„Die Ernte ist groß, aber es gibt nur wenige Arbeiter. Darum bittet den Herrn der Ernte, dass er Arbeiter in seine Ernte sende."* Die *„Ernte"* ist hier ein Bild für das, was es zu erreichen und einzubringen gilt. Wie kann die Not der Menschen, die ziellos und trostlos, unterdrückt und unfrei (*„zerstreut und verschmachtet"*) in den Tag hineinleben, gewendet werden?

Wie sieht ein Leben aus, das dem „Reich Gottes" entspricht und aus Ziellosigkeit und Trostlosigkeit herausführt?

Die „Seligpreisungen" (Mt 5,1-10) am Beginn der Bergpredigt weisen hin auf ein solches Leben. Sie wollen in eine neue Lebensausrichtung einweisen. Dabei wollen sie nicht sosehr als

---

erscheint hier als Ankündigung des Strafgerichtes Gottes, das der Wiederkunft Christi und der Errichtung seines Friedensreiches vorausgeht.

Gebote oder gar Gesetze, sondern als Verheißung verstanden werden. Denn das Wort „selig“ meint hier keine jenseitige Belohnung, sondern verheißt das Glück eines erfüllten, gelungenen Lebens.

„Selig, die arm sind in sich selbst. Ihnen gehört das Himmelreich“. Unser Leben gelingt, wenn wir offen sind für neue Erfahrungen, für neue Erkenntnisse. Nicht die Selbstgerechten, die Fertigen, sondern die sind offen für Gottes Zukunft, die Gott suchen, die mit Gott und mit sich selbst nicht fertig sind.

„Selig, die über Leiden klagen; sie sollen getröstet werden.“ Das Leben gelingt, wenn wir eigenes Leid und das Leid anderer ertragen können. Wir können uns trösten lassen und werden Trost empfangen.

„Selig die Gewaltlosen. Sie werden das Land erben.“ Erfüllung wird denen verheißen, die das Böse mit Gutem überwinden und Konflikte gewaltfrei lösen können. Ihnen gehört die Zukunft der Erde.

„Selig, die nach Gerechtigkeit hungern und dürsten. Sie werden satt werden.“ Erfüllung wird denen verheißen, die sich für die Benachteiligten einsetzen, die sich mit den ungleichen, ungerechten Lebensverhältnissen auf unserer Welt nicht abfinden wollen. Sie werden darin letztlich Befriedigung finden.

„Selig, die Erbarmen üben. Sie werden Erbarmen erfahren.“ Unser Leben gelingt, wenn wir Verständnis für die Schwachheit unserer Mitmenschen haben und vergeben können. Wir werden zu einer Gesellschaft beitragen, in der wir selber Barmherzigkeit erfahren.

„Selig, die reinen Herzens sind. Sie werden Gott schauen.“ Erfüllung ist denen verheißen, die sich und anderen nichts vormachen müssen – die meinen, was sie sagen. Sie werden reich sein an der Erkenntnis Gottes

„Selig, die Frieden schaffen: Sie werden Söhne Gottes heißen.“ Unser Leben erfüllt sich, wenn wir danach trachten, Feindschaft zu überwinden, wenn wir Versöhnung schaffen, wo Hass und Neid die Menschen voneinander trennt. Wer sich für Frieden einsetzt, handelt im Sinne und nach dem Willen Gottes.

„Selig, die um der Gerechtigkeit willen verfolgt werden: Ihnen gehört das Himmelreich.“ Die Verheißung gilt denen, die der Macht der Mächtigen um der Gerechtigkeit willen entgegentre-

ten und erdulden müssen, dass sie verfolgt werden. Ihnen gehört die Zukunft, die Gott heraufführt.

Die „Seligpreisungen“ würdigen eine Lebensausrichtung, die sich sehr grundsätzlich von dem unterscheidet, was u.a. in unserer Werbung, in Illustrierten oder Filmen als Lebensglück verheißen wird. Nicht die eigene Selbstverwirklichung und Selbstinszenierung bringen Lebenserfüllung, sondern die Hinwendung zum Mitmenschen. Nicht die Durchsetzung der eigenen Macht und Größe stillt den Lebenshunger, sondern die Hingabe an die Sache der Gerechtigkeit und des Friedens.

Das „Lebensglück“, das Jesus verheißt, bringt auch der so genannte „Heilandsruf“ in Mt 11,28-30 zum Ausdruck. Jesus ruft hier die „Mühseligen und Beladenen“ zu sich. Gemeint sind wir Menschen, die sich abmühen, ihr Leben zu gewinnen, die beladen sind mit der Sorge um sich selbst. Ihnen wird zugesprochen: *„Ich will euch erquicken. Nehmt auf euch mein Joch und lernt von mir, denn ich bin sanftmütig und von Herzen demütig; so werdet ihr Ruhe finden für eure Seelen. Denn mein Joch ist sanft, und meine Last ist leicht.“*

Unser Leben erfährt „Erquickung“ und damit Erneuerung und Reichtum, wenn wir von der Sanftmut und Demut Jesu lernen. Durch ihn lernen wir, nicht immer mehr haben zu wollen, sondern es genug sein zu lassen. Unsere Seele wird *„Ruhe“* finden. Wir werden uns nicht ständig mit anderen, die mehr haben oder scheinbar besser leben, vergleichen müssen. Wir werden uns mit dem, was möglich ist, begnügen können.

Wir müssen unser Leben nicht für uns, für unseren Genuss „gewinnen“, sondern können es hergeben im Dienst an der Sache des Friedens. Die Last ist nicht schwer. Sie mutet uns nicht mehr zu, als wir tragen können. Oder anders: Wenn wir uns diesem „Joch“ unterstellen, werden uns Kräfte zuwachsen. Wir werden gewinnen an innerer Kraft und Freiheit. Wir werden *„Söhne (Töchter) des Vaters im Himmel“* sein! Wir werden eine Würde empfangen, die uns niemand rauben kann. Wir werden *„vollkommen sein, wie unser Vater im Himmel vollkommen ist“*(Mt 5,45.48). Das Wort „Vollkommenheit“ meint im Zusammenhang der Verkündigung Jesu nicht „Heiligkeit“ im Sinne von Makellosigkeit oder Sündlosigkeit. Wir bleiben Menschen mit unseren Fehlern und Schwächen. Vollkommenheit meint: Wir gewinnen ein neues Selbstverständnis, ein neues Verständnis von dem, was es heißt, Mensch zu sein. Aus Menschen, die sich durchsetzen, bereichern, Macht ausüben müssen, können Menschen werden, die sich selbst hergeben, die „ihr Leben verlieren können".

Sehr radikal heißt es in den Worten über die Nachfolge Jesu: *„Wer sein Leben erhalten (für sich finden) will, wird es verlieren, wer es aber verliert um meinetwillen (um meiner Sache willen), der wird es erhalten (finden)"* (Lk 9,23-25/Mt 10,39; 16,24-26). Denn: *„Was hülfe es dem Menschen, wenn er die ganze Welt gewönne und nähme doch Schaden an seiner Seele?"*

Der vermeintliche Lebensgewinn durch äußeren Reichtum, Ruhm und Macht lässt die Seele des Menschen verkümmern. In dem Maße, in dem wir auf diesen „Lebensgewinn" verzichten und unser Leben im Sinne Jesu hergeben (einsetzen) können, werden wir an Menschlichkeit und Lebenssinn gewinnen.

3. Jesu Ruf in die Nachfolge: Die Vergangenheit hinter sich lassen

In den Evangelien wird erzählt, wie und wen Jesus in seine Nachfolge ruft. Exemplarisch werden die Fischer Petrus, Johannes und Jakobus genannt, Matthäus bzw. Levi, der Zöllner, Maria Magdalena. Sie sind keine Heiligen, keine Gelehrten. Sie kommen aus einfachen Verhältnissen. Sie kommen aus Berufen, in denen sie harte Arbeit gewohnt sind, aus Berufen auch, die in der Gesellschaft wenig angesehen, ja verachtet wurden. Es sind Menschen mit Grenzen und Schwächen – wie wir auch. Das Besondere an ihnen ist: Sie lassen sich aus ihrem bisherigen Leben herausrufen, um Jesus zu folgen. Provozierend und befremdlich ist, wie Jesus in seine Nachfolge ruft, und dabei den Bruch mit dem Alten fordert.

Diese Forderung entspricht der Art und Weise, wie Jesus selbst damit umgegangen ist und seine ursprüngliche Heimatstadt, seine Familie hinter sich gelassen hat.

Aus einigen Hinweisen entnehmen wir: Als Jesus sich in einem Haus aufhält, um hier zu predigen, weisen ihn die Leute auf seine Mutter, seine Brüder und Schwestern hin, die draußen auf ihn warten. Da blickt er sich um, weist auf die, die ihm gefolgt sind und spricht: *„Siehe, das ist meine Mutter, das sind meine Brüder und Schwestern. Wer Gottes Willen tut, der ist mein Bruder, meine Schwester und meine Mutter"* (Mk 3,34-35). Schärfer und provokanter – man möchte beinahe sagen „liebloser" – kann die Distanz zur eigenen Familie nicht zum Ausdruck kommen.

Auch umgekehrt wird deutlich, wie sehr Jesus für seine Familie, für die Menschen seiner Heimatstadt ein Fremder geworden ist. Sie können seiner Botschaft und seinem Auftreten wenig Verständnis entgegenbringen. Sie schämen sich seiner und wollen ihn zurückhalten. Sie sind der Meinung: *„Er ist von Sinnen"* (Mk 3,21). Und als Jesus auf seiner Wanderung durch Galiläa in seine Heimatstadt Nazareth kommt und auch hier in der Synagoge predigt, wundert man sich. Man kennt ihn doch als den Zimmermann. Man kennt seine Familie, seine Brüder und Schwestern? Welche Worte und Taten vollbringt er? *„Und sie ärgerten sich an ihm!"* Jesus muss erkennen: *„Ein Prophet gilt nirgends weniger als in seinem Vaterland, bei seinen Verwandten und in seinem Hause"* (Mk 6,3.4).

So wird Jesus, indem er seiner Berufung folgt, ein Heimatloser: *„Die Füchse haben Gruben, und die Vögel unter dem Himmel haben Nester; aber der Menschensohn hat nichts, wo er sein Haupt hinlege" (*Lk 9,58*).*

Wer ihm nach folgen will, muss damit rechnen, ähnlich heimatlos zu werden.

Einem, der darum bittet, zunächst seinen Vater zu beerdigen, wird die harte pietätlose Antwort zugemutet: *„Lass die Toten ihre Toten begraben; du aber geh hin und verkündige das Reich Gottes" (*Lk 9, 60).

Und dem, der vorher noch von seiner Familie Abschied nehmen will, wird gesagt: *„Wer seine Hand an den Pflug legt und blickt zurück, der ist nicht geschickt (taugt nicht) für das Reich Gottes"* (Lk 9,62).

Warum vollzieht Jesus diese Abkehr von seiner Familie und Heimatstadt? Und warum fordert er sie von seinen Jüngern? Gebietet uns das vierte Gebot nicht, Vater und Mutter zu ehren, damit wir „lange leben auf Erden"? Sind nicht Geborgenheit in der Familie und Heimatverbundenheit wichtige Voraussetzungen und Grundlagen für das Leben eines Menschen?

Im Hinblick auf Jesu Verkündigung des Reiches Gottes aber gilt es zu sehen: Familie und Heimat bieten Kindern und Erwachsenen nicht nur Halt und Geborgenheit. Sie waren (und sind es oft bis heute) auch ein System fester Traditionen, Riten und Urteile. Menschen, die anders leben und denken, werden mit Vorurteilen bedacht und als „Fremde" abgewiesen. Tradition und Riten verstellen den Blick für die Gerechtigkeit, wie sie nach der Botschaft vom nahen Reich Gottes zu verstehen ist.

Daher ist Jesus nicht gekommen, um die Familie mit ihrer Tradition zu stärken oder gar zu heiligen. Sondern sehr provozierend und jeder Bemühung um einen engen Familienzusammenhalt widersprechend, heißt es: *„Ich bin gekommen, den Menschen zu entzweien mit seinem Vater und die Tochter mit ihrer Mutter ... Und des Menschen Feinde werden seine eigenen Hausgenossen sein. Wer Vater oder Mutter mehr liebt als mich, der ist meiner nicht wert; und wer Sohn und Tochter mehr liebt als mich, der ist meiner nicht wert"* (Mt 10,35-37). Heute würden wir sagen: Wer den Zusammenhalt der Familie über alles stellt, verwandelt die Familie in ein Zwangssystem, das die freie mündige Entwicklung der Kinder verhindert.

Der Familienwille muss nicht unbedingt Gottes Wille sein. Reich Gottes bedeutet die freie Entwicklung eines jeden Menschen – es bedeutet die große Gemeinschaft aller Menschen. Reich Gottes meint die Überwindung der Grenzen, die die Familie oder die Volkszugehörigkeit setzen.

Die Familie will Sicherheit. Das Reich Gottes dagegen bedeutet das Wagnis einer offenen Zukunft.

Die Familie mit ihrem Toten- und Ahnenkult bindet an die Vergangenheit. Reich Gottes dagegen bedeutet, die Toten vergangen sein zu lassen und aufzubrechen in ein Neues – in Gottes Zukunft.[6]

Nicht nur die Familie, wenn sie uns an die Vergangenheit bindet, versperrt den Weg in Gottes Zukunft. Die andere Macht,

---

[6] Im 2. Korintherbrief des Paulus, 5,17, heißt es: *„Ist jemand in Christus, so ist er eine neue Kreatur. Das Alte ist vergangen. Siehe, Neues ist geworden."*

die den Menschen bindet, ist der Mammon, die Macht des Geldes. *„Man kann nicht Gott und dem Mammon zugleich dienen“* (Mt 6,24).
Oder: *„Es ist leichter, dass ein Kamel durch ein Nadelöhr gehe, als dass ein Reicher ins Himmelreich komme“* (Mt 19,24).

Der reiche Jüngling, der Jesus gerne zuhört und ein Leben mit Gott führen möchte (das ewige Leben gewinnen möchte), wendet sich traurig von Jesus ab, als dieser ihm zumutet: *„Willst du vollkommen sein, so geh hin, verkaufe, was du hast, und gib es den Armen, so wirst du einen Schatz im Himmel haben; und komm und folge mir nach“* (Mt 19,16-21). Er vermag diesen Schritt, heraus aus seinem Reichtum, nicht zu gehen. Den Schatz auf Erden vermag er nicht gegen den „Schatz im Himmel” einzutauschen.

Auch hier wird man einwenden können: Wir brauchen doch das Geld für unseren Lebensunterhalt. Ohne Geld kann keine Wirtschaft funktionieren, können keine Waren produziert und Menschen nicht versorgt werden. Es wäre daher sicherlich verantwortungslos, auf den Gelderwerb verzichten zu wollen oder ihn zu verdammen. Zum „Mammon“ aber wird der Gelderwerb, wenn er um seiner selbst willen geschieht. Als Mammon nimmt der Gelderwerb göttlichen Rang ein. Er zwingt Menschen in seinen Bann, bemisst Menschen und ihre Arbeit nur nach ihrem Geldwert. Er bemisst sie danach, welche Rendite sie erbringen, und wie das Kapital vermehrt werden kann. Der Reichtum als „Mammon“ bindet den Menschen an sich selbst, an die eigenen Bedürfnisse, an das eigene Interesse und Gewinnstreben. Der „Reichtum in Gott“ – oder der „Schatz im Himmel“ dagegen macht frei, Verantwortung für andere, für das Gemeinwohl zu übernehmen. Geld und Gelderwerb bekommen eine dienende Funktion.

4. Gott sucht die Verlorenen – die „frohe Botschaft“ der Vergebung

Mit Jesu Verkündigung des nahen Reiches verbindet sich ein neues Verständnis von Gottes Handeln. Wer ist Gott für uns Menschen? Wer sind wir Menschen vor Gott?

Jesu Gottesverständnis ist daran zuerkennen, wie er mit Menschen umgeht, die als „Sünder“ verrufen sind. Es sind Menschen, die sich nicht an die Gebote und Regeln der Gemeinschaft halten. Aus dem Blickwinkel der Frommen genügen sie nicht den Anforderungen eines frommen, gesetzestreuen Lebens. Sie missachten die Gebote Gottes. Die Übertretung der Gebote Gottes aber war nach der Auffassung damaliger (und auch heutiger?) Frömmigkeit ein Vergehen, das Gottes Strafe nach sich zieht. Schon zu Lebzeiten wurden „Sünder“ bestraft, indem man sie aus der Gemeinschaft ausgrenzte und verachtete. Auch Krankheit und Unglück wurden als Strafen Gottes angesehen, die ein Mensch durch seine Schuld „verdient“ hat. Letztlich drohte dem „Sünder“ die Strafe Gottes im Gericht am Ende der Zeit. Als Höllenqual, als ewige Pein, wurde sie besonders grausam herausgestellt.

Eine besondere Gruppe dieser „Sünder“ waren die Zolleinnehmer. Sie wurden verachtet, weil sie im Dienst der römischen Besatzungsmacht standen. Außerdem ging ihnen der Ruf voraus, korrupt zu sein. Auf Kosten der Armen bereicherten sie sich mit dem, was sie an Zoll einnahmen.

Die Evangelien berichten, wie Jesus diesen „Sündern und Zöllnern“ begegnet. Er hält ihnen keine Moralpredigt, verkündet ihnen nicht Gottes Strafe für ihr sündhaftes Tun. Sondern – und das ist das Überraschende und Provozierende an seinem Verhalten – er lässt sich von ihnen einladen. Er isst und trinkt mit ihnen. Damit zieht Jesus die Kritik der Pharisäer und der Schriftgelehrten auf sich. Für sie, die streng nach den Geboten Gottes leben, gibt es mit solchen Menschen keine Gemeinschaft. Wenn Jesus beansprucht, im Namen Gottes aufzutreten und zu handeln, wie kann er dann mit „Sündern und Zöllnern“ Gemeinschaft haben?

Jesus antwortet auf diese Kritik: *„Die Starken bedürfen keines Arztes, sondern die Kranken. Ich bin gekommen, die Sünder zu rufen und nicht die Gerechten“* (Mk 2,15-17). Wie ein Arzt sich um einen Kranken kümmert und nach Möglichkeiten der Heilung sucht, so weiß sich Jesus zu Menschen gesandt, die sich mit ihrem Leben außerhalb der Gebote und damit außerhalb der Gemeinschaft stellen. So wenig einem Kranken die Verurteilung seiner Krankheit hilft, so wenig hilft einem „Sünder“ die Verurteilung seiner „Sünde“. Sondern Hilfe erfährt er dadurch, dass er in die Gemeinschaft zurückgerufen wird. Indem Jesus die Gemeinschaft der Menschen sucht, die von der Gemeinschaft der Anständigen ausgeschlossen und missachtet sind, gibt er ihnen zu verstehen: Ich achte euch als Menschen! Jesus nimmt sie an, wie sie sind, und eröffnet ihnen damit die Möglichkeit, ihr Leben zu überdenken und zu verändern.

Die Geschichte vom Zöllner Zachäus (Lk 19,1-10) schildert exemplarisch, wie das Verhalten Jesu die Umkehr, die Neuorientierung, eines Menschen bewirkt:

Jesus lässt sich in das Haus der Oberzöllners Zachäus einladen, eines Mannes, der in der Stadt Jericho als besonders skrupelloser Ausbeuter der Armen gilt. Auch hier zieht Jesus das Unverständnis und die Empörung der Frommen, der rechtschaffenen Leute auf sich. *„Bei einem Sünder ist er eingekehrt!“* Aber der Besuch Jesu hat eine überraschende Wirkung. Zachäus will sein bisheriges Leben ändern. Er will sich nicht mehr am Geld der Armen bereichern. Er will wieder gut machen, was er an Schaden angerichtet hat. Anstatt das Geld der Armen für sich zu vereinnahmen, will er sein Vermögen dazu verwenden, den Armen zu helfen. Und Jesus stellt fest: *„Heute ist diesem Hause Heil widerfahren!“* Zachäus ist „geheilt“ von seiner „Sünde“, von seiner Selbstsucht und Gottesferne.

Die Geschichte zeigt: Nicht die Strafandrohung oder die Verurteilung des Sünders sind nach dem Verhalten Jesu die Mittel, um einen Menschen zu ändern oder zu bessern. Die Angst vor der Strafe kann Menschen wohl davon abhalten, gegen Gebote zu verstoßen. Aber sie bewirkt keine Veränderung des Willens. Dazu bedarf es der inneren Umkehr, der „Änderung des Sinnes“. Diese Umkehr lässt sich nicht erzwingen. Sie kann aber ermöglicht, sie kann eröffnet werden. Indem Jesus den Zöllner nicht verurteilt, sondern annimmt, verschafft er ihm die Freiheit, sich ändern zu können. Zachäus kann einsehen, was er in seinem bisherigen Leben an Schaden angerichtet hat. Er ändert seinen Sinn und damit auch sein Leben.

Somit zeigt die Geschichte vom Zöllner Zachäus, wie Jesu Sendung insgesamt zu verstehen ist: *„Der Menschensohn ist gekommen, zu suchen und selig zu machen, was verloren ist“* (Lk 19,10).

Wie Jesus mit Menschen umgeht, die als „sündig" verrufen waren, und wie er ihnen Vergebung zuspricht, erzählt auch die Geschichte von der „Salbung Jesu durch die Sünderin" in Lk 7,36-50. Jesus ist zu Gast im Hause eines Pharisäers. Während des Mahls tritt eine stadtbekannte Prostituierte an ihn heran. Unter Tränen fällt sie vor ihm nieder, benetzt seine Füße mit ihren Tränen, trocknet sie mit ihren Haaren und salbt sie mit Öl. Auf die Verwunderung des Gastgebers – *„wenn dieser ein Prophet wäre, müsste er wissen, dass ihn eine Sünderin anrührt"*– antwortet Jesus mit dem Hinweis auf die Liebe, die ihm die Frau erwiesen hat. Bei aller Rechtschaffenheit und Gesetzestreue hat es der Pharisäer nicht für nötig befunden, Jesus Wasser zur Erfrischung der müden Füße zu geben. Die Frau aber hat Jesu Füße mit ihren Tränen *gewaschen.* Der Pharisäer hat Jesus keinen Begrüßungskuss gegeben, aber die Frau hört nicht auf, seine Füße zu küssen. Der Pharisäer hat das Haupt Jesu nicht mit Öl gesalbt, aber die Frau hat seine Füße gesalbt. Daher soll gelten: *„Ihre vielen Sünden sind vergeben, denn sie hat viel Liebe gezeigt."* Nach dem Maßstab der Liebe steht diese „Sünderin" hoch über dem Pharisäer. Ihre Liebe deckt zu, was sie nach dem Maßstab des Gesetzes an Sünde auf sich geladen hat.[7]

Dazu kommt: Jesus stellt das Verhalten einer Frau, die in der antiken Gesellschaft generell einen niederen Rang hatte, über das Verhalten eines Mannes. Neben anderen Geschichten, die von Jesu Verhalten gegenüber Frauen berichten, wird hier deutlich: auch und gerade den Frauen verkündet und demonstriert Jesus seine „frohe Botschaft", gleichwertig und gleich geachtet zu sein. Die Liebe Gottes, wie Jesus sie versteht, gilt allen Menschen. Sie macht keinen Unterschied zwischen Männern und Frauen, zwischen angesehenen und nicht angesehenen Menschen.

Damit verkündet Jesus ein Gottesverständnis, das jeden frommen Menschen, der sich etwas auf die Erfüllung der Gesetze

---

[7] Siehe dazu das *„Hohelied der Liebe"* im 13. Kapitel des 1. Korintherbriefes des Paulus: *„Wenn ich mit Menschen und mit Engelszungen reden könnte, hätte aber keine Liebe, so wäre es mir nichts nütze ..."*

zugute hält, herausfordern (provozieren) muss. Denn nach der Verkündigung Jesu geht es Gott nicht in erster Linie um die Durchsetzung seiner Gebote. Er ist nicht in erster Linie der Gott der Gebote, der die Sünder straft und die Frommen belohnt. Sondern den Geboten Gottes geht seine Gnade und Güte voraus. „Gnade" ist in diesem Zusammenhang nicht als „Begnadigung" zu verstehen, wonach von Strafe abgesehen oder sie erlassen wird. Sondern Gottes Gnade „sucht die Verlorenen", sucht die Menschen, die ihr Leben verfehlen, die gefangen sind in ihrer Selbstsucht und Gottesferne. Sie sollen aus ihrer Selbstsucht herausfinden, sollen erkennen, worin wahres Leben zu finden ist. *„Bei Gott wird mehr Freude sein über* ***einen*** *Sünder, der zur Umkehr findet, als über* ***99*** *Gerechte, die der Umkehr nicht bedürfen"* (Lk 15,7).[8]

Von dieser voraussetzungslosen Güte Gottes erzählt das Gleichnis vom verlorenen Sohn (Lk 15). Jesus vergleicht Gott mit einem Vater, der sich über die Heimkehr des verlorenen Sohnes freut. Der Sohn hat das Erbe des Vaters verschleudert und kehrt bettelarm zum Vater zurück. Er hat seinen Status als Sohn verspielt. Aber der Vater weist ihn nicht von der Schwelle des elterlichen Hauses. Er erwartet von seinem Sohn keine „Sühne" für sein bisheriges Leben, keinen Beweis, dass er sich nun ändern und das verschleuderte Vermögen wieder erarbeiten will. Sondern der Vater nimmt seinen Sohn auf, wie er ist. Ihm genügt, ja er freut sich, dass der Sohn den Weg zu ihm zurückgefunden hat. Als Zeichen der Annahme und Wertschätzung steckt er ihm einen wertvollen Ring an den Finger. Und vor Freude über die Heimkehr seines Sohnes ordnet der Vater ein Festmahl an. Denn: *„Mein Sohn war tot und ist wieder lebendig geworden; er war verloren und ist wieder gefunden worden."*

---

[8] Das Wort „Umkehr" heißt im griechischen Text „metanoia" – wörtlich übersetzt: „Sinnesänderung". In der Lutherbibel wird es mit dem Wort „Buße" wiedergegeben. Das Wort „Buße" aber meint nach heutigem Verständnis die „Bußleistung", die jemand erbringen muss, der gegen das Gesetz verstößt. Sie wird dem Menschen aufgenötigt oder aufgezwungen. Die „Sinnesänderung" hingegen meint die Einsicht, die ein Mensch zu seinem Besten und zum Besten seiner Mitmenschen gewinnt.

Auch hier erhebt sich der Unmut der Menschen, die sich um ein ordentliches Leben bemühen und täglich treu ihre Arbeit tun. In der Gestalt des zu Hause gebliebenen älteren Sohnes meldet sich dieser Protest: *„Ich habe dir während all der Jahre treu gedient, aber nie hast du mir ein Mastkalb überlassen, damit ich mit meinen Freunden hätte feiern können!“*

Aus der Sicht des rechtschaffenen Sohnes ist das vergebende Handeln des Vaters ungerecht. Werden hier nicht Faulheit und Leichtsinn auf Kosten der Leistungsträger belohnt (so könnte heute die Frage lauten)? Der Vater versucht, seinem älteren Sohn zu erklären, warum er dieses Fest feiern will. Es geht hier nicht um Belohnung, sondern darum: Der jüngere Bruder will ein neues Leben beginnen. Und der Vater möchte, dass sein älterer Sohn Verständnis für die Situation seines heimgekehrten Bruders gewinnt und sich mit seinem Vater über die Heimkehr des Bruders freuen kann. Aber, so könnte man fragen, hätte der Vater seinen älteren Sohn für dessen tägliche Arbeit und Mühe nicht doch einmal mit einem Festmahl belohnen können? Dagegen erinnert ihn der Vater: *„Mein Sohn, du bist allezeit bei mir, und alles was mein ist, ist dein.“* Du gehörst zu mir und bist mein Erbe. Dein Leben bei mir trägt seinen Lohn in sich.

Die Güte, die Gnade Gottes ist nicht als Lohn für geleistete Arbeit zu verstehen. Sie will angenommen und weitergegeben werden. So wie wir selbst vor Gott als Menschen leben können, denen die Möglichkeit der Umkehr und Erneuerung offen steht, sollen wir diese Chance auch einander gewähren und uns freuen, wenn Umkehr und Erneuerung gelingen.

5. Jesu Verständnis von Gottes Gerechtigkeit – Gott für den Menschen

Wenn dem Gebot Gottes seine Güte vorausgeht, wenn bei Gott mehr Freude herrscht über einen Menschen, der zur Umkehr findet, als über 99 Gerechte – wie sind dann die Gebote zu verstehen, die das Leben regeln und eingrenzen?

Für die Frommen, für die Schriftgelehrten und Pharisäer waren die Gebote heilige Gesetze, die buchstabengetreu zu erfüllen waren. In besonderer Weise galt das für das Gebot, den Sabbat zu heiligen. Der Sabbat ist der jüdische Feiertag am Ende der Woche. An diesem Tag hat jede Arbeit zu ruhen. Bis ins Einzelne ist regelt, was an diesem Tag nicht getan werden darf und was erlaubt ist.

Die Evangelien berichten, wie Jesus das Sabbatgebot übertritt (Mk 2,23-3,1-6 par). Am Sabbat ging Jesus mit seinen Jüngern durch ein Kornfeld. Da die Jünger Hunger hatten, rauften sie Körner aus den reifen Ähren und verzehrten sie. Die Pharisäer als Hüter des Gesetzes sahen dies und fragten Jesus, wie er etwas zulassen könne, was am Sabbat verboten sei. Daraufhin Jesus: *„Der Mensch ist nicht um des Sabbat willen da, sondern der Sabbat um des Menschen willen."*

Anschließend wird von einer Krankenheilung Jesu berichtet, die ebenfalls am Sabbat in einer Synagoge geschieht. Auch hier die Kritik der Pharisäer: Jesus tut etwas, was nach dem Gesetz am Sabbat verboten ist! Darauf Jesu Frage: *„Soll man am Sabbat Gutes tun oder Böses? Soll man Leben erhalten oder töten?"* Auf das Schweigen seiner Kontrahenten heilte Jesus die gelähmte Hand des Kranken.

Damit wird ein grundsätzlich anderes Verhältnis zwischen Gott und Mensch erkennbar. Die gesetzliche Frömmigkeit versteht die Erfüllung der Gesetze als Dienst um Gottes Willen. Die Gebote sind gegeben, weil Gott sie geboten hat. Ähnlich wie in den antiken Religionen, in denen der Tempelkult dem Menschen als Dienst an der Gottheit auferlegt war, so ist auch die Einhaltung der göttlichen Gesetze „Gottes-Dienst" – Dienst für Gott.

Mit seinem Wort aber, wonach *„der Sabbat um des Menschen willen"* gegeben sei, wird der „Dienst für Gott" ein Dienst für den Menschen. Gottes Gebote sind nicht um Gottes willen oder um ihrer selbst willen gegeben. Sie sind nicht „heilig" – unantastbar. Sie sind dazu gegeben, dem Leben der Menschen zu dienen. Es dient dem Menschen, einen Tag der Ruhe und der Besinnung in der Woche zu haben. Aber wenn dieses Gebot zum unumstößlichen Gesetz wird, verwandelt sich das helfende Gebot in eine drückende unsinnige Last. Wenn ein Gesetz verhindert, einem Menschen zu helfen, muss es übertreten werden. Die Hilfe hat Vorrang vor der buchstabengetreuen Erfüllung des Gesetzes.

In diesem Sinne erzählt Jesus die Beispielgeschichte vom barmherzigen Samariter (Lk 10,25-37). Die Pointe dieser Geschichte: Zwei fromme gesetzestreue Menschen, ein Priester und ein Levit (Tempeldiener), gehen an einem Menschen vorbei, der von Räubern überfallen schwer verletzt am Boden liegt, ohne ihm zu helfen. Die für den Dienst im Tempel geltenden Reinheitsvorschriften verbieten ihnen, sich am Blut des Verwundeten zu verunreinigen. Ein Samariter aber, der nach ihnen vorbeikommt, nimmt sich des am Wege Liegenden an, verbindet seine Wunden und bringt ihn zur nächsten Herberge. Vom Standpunkt des frommen Juden aus ist der Samariter ein Ungläubiger, ein gesetzloser Mensch. Aber er tut, was Gottes Gebot im Kern fordert. Er hilft dem Verwundeten. Auf die Frage, *„... was muss ich tun, um das ewige Leben zu ererben?“* (um vor Gott zu bestehen), antwortet Jesus mit dieser Geschichte: Mach es so wie der Samariter!

Die buchstabengetreue Befolgung der Gesetzesvorschriften verfehlt den eigentlichen Sinn des Gesetzes. Es fordert Gerechtigkeit und soll zur Barmherzigkeit und Hilfsbereitschaft herausfordern. Die gesetzliche Frömmigkeit geht daher an dem vorbei, was Menschen wirklich brauchen. Sie wird den Menschen nicht gerecht.

Damit gerät die gesetzliche Frömmigkeit zur doppelten Moral. Aus der von Gott geforderten Gerechtigkeit wird eine Scheingerechtigkeit. Nach außen lässt sich der Fromme nichts zu Schulden kommen. Formal erfüllt er die Gebote. Mit seinem tatsächlichen Leben aber widerspricht er dem Sinn der Gebote Gottes.

In aller Schärfe geißelt Jesus die doppelte Moral der Pharisäer und Schriftgelehrten. Er nennt sie *„übertünchte Gräber“*, die von außen hübsch aussehen, aber innen voller *„Totengebeine und Unrat“* sind. *„Becher und Schüsseln werden von außen gereinigt, aber innen sind sie voller Raub und Gier... Von außen scheint ihr vor den Menschen fromm, aber innen seid ihr voller Heuchelei und Unrecht“* (Mt 23,25.28).

Jesu Kritik an der Gesetzlichkeit der Frommen geht aber noch tiefer. Sie hinterfragt grundsätzlich das „Gutsein“ eines Menschen. Als Jesus von einem reichen jungen Mann gefragt wird, was er *„Gutes"* tun könne und ihn mit *„guter Meister!"* anredet, antwortet ihm Jesus: *„Was nennst du mich gut? Niemand ist gut als Gott allein"* (Mk 10,18).

Die gesetzliche Frömmigkeit, die sich die Erfüllung einzelner Gebote und Vorschriften zugute hält, ist selbstgerecht. Sie verkennt die Grenzen und Fragwürdigkeiten menschlicher Motive und menschlichen Wollens. Kein Mensch – auch nicht der Frömmste – ist wirklich gut. Keiner kann von sich sagen, aus reinen selbstlosen Motiven zu handeln. Jeder Mensch ist darauf angewiesen, zurechtgebracht (gerechtfertigt) zu werden. Wir sind nicht fertig, sondern bedürfen immer wieder der Erneuerung, der neuen Einsicht und somit der Gnade Gottes.

Im Gleichnis vom Pharisäer und Zöllner (Lk 18,9-14) erzählt Jesus, wie zwei Menschen – ein Pharisäer und ein Zöllner – zum Gebet in den Tempel gehen. Der Pharisäer tritt vor den Altar und dankt Gott dafür, nicht so zu sein, wie die Räuber, Betrüger, Ehebrecher oder wie die Zöllner. Er zählt auf, was er an frommen Werken vollbringt: Er hält die Gebote, hält die Fastenzeiten ein und spendet den zehnten Teil seines Einkommens an die Armen. Der Zöllner hingegen bleibt am Eingang des Tempels stehen. Er hat nichts, was er Gott an guten Werken vorweisen kann. Er vermag nur an seine Brust zu schlagen und um die Vergebung seiner Schuld zu bitten.

Der Zöllner ist in seiner Selbsterkenntnis und mit seiner Bitte um Gottes Gnade offen für die Erneuerung seines Lebens. Der Pharisäer hingegen, der sich selbstgerecht über andere Menschen erhebt, verschließt sich gegen Gottes Barmherzigkeit und Gnade. Er hat sie nicht nötig.

Nach dem Urteil Jesu kann daher der Zöllner „gerechtfertigt" in sein Haus zurückkehren, nicht aber der Pharisäer.

Sosehr also einerseits kein Mensch wirklich „gut" ist, sosehr gilt andererseits: Alle Menschen – auch die Letzten – sind wertgeachtet. Sie sind es wert, Gotte Güte zu empfangen. Ja, gerade die Letzten, die am wenigsten Angesehenen, die in der sozialen Leiter ganz unten stehen, um die sich keiner kümmert, sollen „Erste" sein. Sie werden in besonderer Weise hervorgehoben.

Wie Gottes Güte die „Letzten" zu „Ersten" werden lässt, erzählt das Gleichnis von den Arbeitern im Weinberg (Mt 20,1-16). Ein Weinbergbesitzer sucht auf dem Markt Arbeiter für seinen Weinberg. Mit denen, die er am Morgen einstellt, handelt er einen Tageslohn aus. Im Laufe des Tages stellt er weitere Arbeiter ein. Und zum Schluss für die letzte Arbeitsstunde schickt er nochmals Arbeiter in seinen Weinberg, die den Tag über müßig herumgestanden haben. Zur Überraschung und zum Ärger derer, die den ganzen Tag gearbeitet haben, bekommen alle, auch die Letzten, den gleichen zu Beginn ausgehandelten Tageslohn. Auf den Protest der „Ersten", die Mühe und Hitze des ganzen Arbeitstages zu ertragen hatten, antwortet der Weinbergbesitzer: *„Bist du neidisch, weil ich gütig bin? So werden die Letzten die Ersten und die Ersten die Letzten sein."*

Nicht nach dem Prinzip der Leistung oder des persönlichen Verdienstes wird entlohnt, sondern die Güte des Weinbergbesitzers lässt jedem das Seine zukommen. Jeder soll empfangen, was er zum Leben braucht.

Damit setzt Jesus einen Maßstab menschlichen Handelns, der dem widerspricht, wonach Menschen normalerweise beurteilt und behandelt werden. Nicht das soll maßgebend sein, wie stark oder erfolgreich, wie groß oder mächtig ein Mensch ist. Sondern danach ist zu fragen, wie bedürftig ein Mensch ist. Was braucht er, um leben zu können? Nach diesem Maßstab bedürfen die Geringsten der besonderen Zuwendung. In ihrer Not begegnet uns Christus. Wer sich ihnen zuwendet, wendet sich Christus zu.

Im Gleichnis vom Weltgericht (Mt 25,31-46) setzt Jesus diesen neuen Maßstab, nach dem wir im Sinne seiner Gerechtigkeit handeln und leben sollten.

Das Gleichnis erzählt: Wenn der Menschensohn am Ende der Zeit die Völker und Menschen richtet, wird er sein Urteil nicht danach fällen, was der Einzelne an frommen oder anderen Werken aufzuweisen hat. Sondern wer Hungrigen zu essen und Durstigen zu trinken gibt, wer Fremde aufnimmt, Nackte kleidet, Kranke oder Gefangene besucht, tut, was im Sinne Jesu gerecht ist. *„Was ihr getan habt einem von diesen meinen geringsten Brüdern, das habt ihr mir getan"* (V. 40). Und: *„Was ihr nicht getan habt einem von diesen meinen geringsten Brüdern, das habt ihr mir auch nicht getan"* (V. 45).

6. Gott ist Liebe

Die Quintessenz der Gottesverkündigung Jesu lässt sich darin zusammenfassen: Gott ist nicht das Gesetz, sondern Gott ist Liebe, wie es 1Joh 4,16 heißt: „*Gott ist die Liebe; und wer in der Liebe bleibt, der bleibt in Gott und Gott in ihm.*"

Die Liebe ist der eigentliche Sinn der Gebote. Alle Gebote sind letztlich im Doppelgebot der Liebe zusammengefasst: *„Du sollst Gott lieben und deinen Nächsten, denn er ist wie du."* Jesus bringt das Liebesgebot auf die einleuchtende Formel: *„Alles, was ihr wollt, dass euch die Leute tun sollen, das tut ihnen auch"* (Mt 7,12). Oder nach einem volkstümlichen Sprichwort: *„Was du nicht willst, dass man dir tu, das füg auch keinem andern zu!"*[9]

Das Gebot der Liebe bedarf daher keiner großen Kenntnis der Schrift oder der Gesetze. Auf das Gebot der Liebe ist jeder Mensch ansprechbar. Es ist ohne lange Erklärungen verstehbar. Es *„leuchtet ein"* – im wahrsten Sinne des Wortes. Denn was „Liebe" ist und wie ich nach diesem Gebot zu leben hätte, kann ich erkennen, wenn ich auf mich selbst blicke. Was ich selbst zum Leben brauche, was mir an Anerkennung und Zuwendung wichtig ist, braucht auch mein Mitmensch. Daher lässt sich das Liebesgebot auch mit den Worten Martin Bubers formulieren: *„Du sollst deinen Nächsten lieben, denn er ist wie du."*

Das Einfache und Einleuchtende dieses Grundgebotes der Liebe darf aber nicht über seine Radikalität hinwegtäuschen. Die geschriebenen Gesetze, die das Leben regeln wollen, sind begrenzt und auf ein bestimmtes Tun oder Unterlassen ausgerichtet. Das Gebot der Liebe aber gilt unbegrenzt, es ist „radikal", d.h. es bezieht sich auf die „Wurzeln" – auf die Motivation

---

[9] Röm 13,8-10 fasst Paulus die Gebote mit dem Liebesgebot zusammen: *„Was da an Geboten ist, wird mit diesem Wort zusammengefasst: ‚Du sollst deinen Nächsten lieben wie dich selbst.' Die Liebe tut dem Nächsten nichts Böses. So ist nun die Liebe des Gesetzes Erfüllung."* Und eindrücklich preist Paulus im so genannten „Hohenlied der Liebe", 1Kor 13, die Liebe als höchste Tugend und Gnadengabe. *„Nun aber bleiben Glaube, Hoffnung, Liebe, diese drei; aber die Liebe ist die größte unter ihnen" (*1Kor 13,13).

unseres Tuns. Es fragt uns, wie wir unser Handeln wirklich meinen.

In den so genannten Antithesen der Bergpredigt, in Mt 5,21-48, bringt Jesus diese Radikalität des Liebesgebotes zum Ausdruck: Das 5. Gebot, *„Du sollst nicht töten"*, wird durch das Liebesgebot dahingehend verschärft, dass schon Zorn und Beschimpfung des Nächsten Unrecht vor Gott sind.

Das 6. Gebot, *„Du sollst nicht ehebrechen"*, ist im Sinne des Liebesgebotes so zu verstehen, dass schon die Ehe in seinem Herzen bricht, wer eine fremde Frau begehrlich anblickt.

Galt bisher, dass erlittenes Unrecht in gleichem Maße (*„Auge um Auge, Zahn um Zahn"*) zu entschädigen sei, erfordert die Liebe, das Böse gewaltlos zu überwinden, indem das erlittene Unrecht ertragen wird. War das alttestamentliche Liebesgebot auf den Nächsten, d.h. auf die Menschen begrenzt, die zum eigenen Volk oder Clan gehören, so fordert die radikale Liebe, die Grenzen zum Fremden, zum Feind zu überschreiten: *„Liebet eure Feinde, betet für eure Verfolger, so werdet ihr Söhne eures Vaters im Himmel sein"* (Mt 5,44-45).

In dieser radikalen Form erscheint das Liebesgebot unerfüllbar. Bei allen guten Vorsätzen werden wir immer wieder Menschen sein, die zornerfüllt sind, die mit gleicher Münze heimzahlen, die Abneigung, ja Feindschaft gegenüber fremden Menschen empfinden. Und der begehrliche Blick auf die hübsche Frau wird immer wieder ein Element unserer zwischenmenschlichen Beziehungen sein.

Sind die Gebote der Bergpredigt daher als Spiegel (Beichtspiegel) zu verstehen, der uns unser Versagen vor Augen führt? Wollen sie uns zeigen, wie sehr wir vor dem Gebot der Liebe in unserem alltäglichen Verhalten immer wieder schuldig werden? Man wird die Gebote der Bergpredigt so verstehen können. Es gibt hier keinen Grund zur Selbstgerechtigkeit. Vor Gott, der „Liebe" ist, ist kein Mensch „gerecht". Wir bleiben angewiesen auf die Vergebung unserer Schuld. Und dieses Bewusstsein hilft uns, nicht pharisäerhaft, sondern menschlich – verständnisvoll – miteinander zu leben.

Aber die Gebote der Bergpredigt lassen sich auch anders verstehen. Sie wollen provozieren. Sie wollen uns herausrufen aus dem, was wir für normal halten. Sie wollen als Wegweiser verstanden werden, der auf den Weg des Friedens weist. Denn sie führen uns an die Wurzeln unserer Konflikte und unserer Kriege.

Nicht erst der Mord, sondern schon die Beschimpfung des anderen – das böse Vorurteil – ist die Quelle des Unfriedens. Der Krieg beginnt in unseren Köpfen, in unseren Gedanken und Worten, mit denen wir unsere Mitmenschen zu Feinden stempeln. Friede kehrt ein, wenn wir aufhören, den Gegner unversöhnlich als Feind zu behandeln; wenn wir beginnen, ihn als Mensch zu sehen, wie wir selbst es sind.

Friede gelingt nicht, wenn wir mit gleicher Münze heimzahlen. Gewalt gegen Gewalt führt zu neuer – oft noch schlimmerer – Gewalt. Kriegsschauplätze, die heute für Schlagzeilen sorgen, liefern dafür beklemmende Beispiele.

Ebenso können wir Konflikte in unserem Umkreis nicht lösen, wenn jeder nur sein vermeintliches Recht durchsetzen will und dem Konfliktgegner einseitig die Schuld zuschiebt.

Das Zusammenleben von Mann und Frau gelingt nicht, wenn der begehrliche Blick uns verführt, das Glück immer wieder neu zu suchen.

Die Frage, vor die uns die Gebote der Bergpredigt stellen, lautet: Lassen wir uns herausfordern, herausrufen aus dem Kreislauf der Vorurteile und Feindschaft, aus dem „wie du mir, so ich dir"? Lassen wir uns herausrufen aus dem Zwang, uns voreinander rechtfertigen zu müssen und unseren Mitmenschen dabei den Schuldigen sein zu lassen? Lassen wir uns herausrufen aus der Begehrlichkeit, in der wir dem Augenblick verfallen sind, hin zu einer Liebe, in der wir einander tragen und füreinander Verantwortung übernehmen?

Bei aller Radikalität wird man die Gebote der Bergpredigt nicht als verschärfte Gesetze verstehen dürfen, sondern als Ruf in die Freiheit, die mit dem Gebot der Liebe eröffnet ist. Die Liebe befreit von der Angst vor dem Fremden, vom Zwang, mit gleicher Münze heimzahlen zu müssen oder die Schuld nur im Gegner zu suchen. Sie befreit vom Zwang, ständig nach dem neuen Glück Ausschau zu halten.

Indem wir uns auf den Weg Jesu einlassen und ihm folgen, werden wir eingewiesen in seine Freiheit.

7. Gesandt in die Welt

In der Geschichte des Christentums haben Menschen Jesu Liebesgebot und seinen Ruf in die Nachfolge so verstanden, dass sie die Welt, in der sie bisher lebten, verlassen haben, um als Mönche oder Nonnen in klösterlicher Gemeinschaft zu sein. Sie haben damit ihr Leben von Grund auf geändert, haben ihren Besitz aufgegeben, haben sich ganz und gar in den Dienst der Sache Gottes gestellt.

Blicken wir auf die entsprechenden Stellen im Neuen Testament, so wird deutlich, dass Jesus seine Jünger nicht bei sich behielt. Er gründete auch keinen Orden, keine Gemeinschaft, wie es z.B. die jüdische Sekte der Essener in der Zeit Jesu getan hat. Sondern er sandte seine Jünger aus in die Dörfer und Städte Galiläas (Mt 10,5-26). Sie erhielten den Auftrag, das zu tun, was Jesus auch tat: Kranke gesund machen und Dämonen austreiben, den Frieden Gottes in die Häuser tragen.

Auch die Seligpreisungen weisen die Nachfolger Jesu hinein in die Welt. Auf dem Weg der Liebe und des Friedens wird ihnen zugesagt: *„Ihr seid das Salz der Erde ... Ihr seid das Licht der Welt“* (Mt 5,13.14). Das Salz sorgt für Geschmack. Es gehört in die Suppe, soll sie würzen. Im Salzfass für sich nützt das Salz niemandem. Gleichwohl muss sich das Salz von der Suppe unterscheiden, muss anders sein, um würzen zu können. Ebenso ist ein Licht dazu da, das Dunkel zu erhellen. Unter einem Scheffel, wenn man es zudeckt oder abschirmt, nützt es niemandem.

Die Barmherzigen dienen der Barmherzigkeit, wenn sich ihr barmherziges Handeln auswirkt. Genauso die Friedensstifter. Wenn sie sich in einer friedlosen und konfliktreichen Welt für Versöhnung einsetzen, müssen sie in die Konflikte hineingehen, sich mit ihnen auseinandersetzen. Das geht nur, wenn sie dort leben, wo die Konflikte aufbrechen, wo Unfriede herrscht: im Alltag der Berufstätigkeit, der Familie, des sozialen Zusammenlebens.

Dem Ruf Jesu zu folgen, hieße demnach, die Maßstäbe und Verhaltensmuster infrage zu stellen, nach denen wir „normalerweise“ leben. Wir werden herausgefordert, anders zu urteilen und anders zu handeln, als es die Gesellschaft nach ihren Normen tut.[10]

Was Jesu Ruf in die Nachfolge in der konkreten Situation bedeutet, lässt sich nicht im Voraus mit gültigen Regeln sagen. Der Schritt muss jeweils neu entschieden und gewagt werden. Jeweils neu gilt es, zu hören und zu entscheiden, was Nachfolge Jesu bedeutet: in der Familie, am Arbeitsplatz, im Umgang mit sozialen Konflikten, in der Begegnung mit fremden Menschen, im Umgang mit unserem Besitz und Geld.

Dabei ist zu berücksichtigen, dass Veränderung und Erneuerung in der Nachfolge Jesu auch immer eine Provokation für die sein wird, die an den überkommenen Maßstäben festhalten und ihre damit verbundene Macht behaupten wollen. Jesus sendet die Seinen aus wie *„Schafe unter die Wölfe“*. Er sieht voraus, dass sie mit ihrer Botschaft und ihrem Handeln auf Widerstand stoßen werden – auf den Widerspruch, auf die Gegnerschaft, ja auf den Hass der Menschen, denen es wesentlich um die Erhaltung ihrer Interessen, ihres Einflusses, ihres Reichtums geht (Mt 10,16-25).

Nach Jesu Worten führt die Nachfolge auch in den Konflikt mit den Machthabern des Staates und den Hütern der Religion: *„Sie werden euch den Gerichten überantworten und euch geißeln in ihren Synagogen. Und man wird euch vor Statthalter und Könige führen um meinetwillen.“* Darum gilt: *„Seid klug wie die Schlangen und ohne Falsch wie die Tauben.“* Und es gilt: *„Sorgt euch nicht, wie oder was ihr reden sollt; denn es soll euch zu der Stunde gegeben werden, was ihr reden sollt.“*

In diesem Zusammenhang spricht Jesus das problematische Wort: *„Ich bin nicht gekommen, Frieden zu bringen, sondern das Schwert“* (Mt 10,34). Mit dem „Schwert“ dürfte nicht das Schwert der Kreuzzüge, der gewaltsamen Bekehrung oder Unterdrückung gemeint sein, auch nicht die gewaltsame Befrie-

[10] In diesem Sinne ermahnt Paulus die Christen in Rom: *„Stellt euch nicht dieser Welt gleich, sondern ändert euch durch die Erneuerung eures Sinnes, damit ihr prüfen könnt, was Gottes Wille ist“* (Röm 12,2).

dung durch den Machtapparat eines „christlichen“ Staates. Im Sinne der Seligpreisung, die die Friedensstifter selig preist, wird man diesen „Schwertspruch“ Jesu so deuten müssen: Um des Friedens willen, der alle Menschen meint, der jedem Menschen seine Würde zuerkennt, der keinen Rangunterschied kennt zwischen Mann und Frau, der auch den Kindern ihr eigenes Recht und ihre Würde zuerkennt, wird es zum Konflikt, zum Streit kommen. Ohne diesen Streit gibt es den Frieden des Reiches Gottes nicht. Das Schwert ist hier das Symbol der Scheidung der Geister. Dementsprechend gibt Lukas die Worte Jesu wider, ohne das Wort „Schwert“ zu gebrauchen: *„Meint ihr, dass ich gekommen bin, Frieden zu bringen auf Erden? Ich sage: Nein, sondern Zwietracht“* (Lk 12,51).

II. Die Kreuzigung Jesu

In der Mitte unseres Glaubensbekenntnisses heißt es: „Jesus Christus ... gelitten unter Pontius Pilatus, gekreuzigt, gestorben und begraben.“

Welche Bedeutung hat die Kreuzigung Jesu für unseren Glauben? Warum steht dieser Bekenntnissatz im Zentrum unseres Glaubensbekenntnisses? Warum steht das Kreuz auf dem Altar unserer Kirchen?

1. Jesu Leidensweg und Kreuzigung

Nach einer bestimmten Zeit seines Wirkens – man nimmt an, dass es etwa drei Jahre waren – verließ Jesus Galiläa und machte sich auf den Weg in die Stadt Jerusalem.

In allen drei synoptischen Evangelien ist der Entschluss Jesu, hinauf nach Jerusalem zu ziehen, mit der Ankündigung seines Leidens verbunden. Jesus sieht voraus: die Hohenpriester und Schriftgelehrten werden den Menschensohn zum Tode verurteilen und den „Heiden“ (Römern) überantworten. Diese werden ihn verspotten, schlagen und töten (Mk 10,33-34 par).

Aus der Sicht der historisch-kritischen Forschung sind die Leidensankündigungen aus der späteren Erfahrung und theologischen Erkenntnis der christlichen Gemeinde heraus gestaltet. Dafür spricht, dass sie mit dem Hinweis auf die Auferstehung Jesu *„am dritten Tag"* verbunden sind. Dennoch werden die Leidensankündigungen etwas von dem wiedergeben, was Jesus selbst als seine Bestimmung erkannt und vorausgesehen hat. Seine Worte von der voraussetzungslosen Liebe Gottes, sein vergebendes Handeln mussten die Hüter des religiösen Gesetzes provozieren. Seine Botschaft vom anbrechenden Reich Gottes, wonach die „Letzten die Ersten" sein werden und jeder Mensch seine Würde empfängt, musste die Machthaber herausfordern.

Die Jünger Jesu verstanden nicht, warum Jesus dieses Wagnis einging. Sie *„entsetzten sich"* und *„fürchteten sich"* (Mk 10,32). Und der Jünger Petrus versucht, Jesus von seinem Vorhaben abzuhalten. Darauf erhält er die schroffe Antwort: *„Geh weg von mir, du meinst nicht, was göttlich, sondern was menschlich ist" (*Mk 8,32f).

Jesus kann seiner Bestimmung nicht ausweichen. Um Gottes Willen, um der Gerechtigkeit und Liebe willen, wie er sie verkündet und gelebt hat, muss er den Weg des Leidens auf sich nehmen.

Alle Evangelien berichten, dass Jesus zur Feier des Passahfestes nach Jerusalem kommt.[11]

Auf einem Esel, dem Tier der armen Leute, reitet er in die Stadt ein (Mk 11,1-11par). Die Volksmenge empfängt und feiert ihn als „Messias", als den geweissagten und von Gott endlich gesandten Retter Israels: *„Hosianna! Gelobt sei, der da kommt im Namen des Herrn!"* Mit seiner Verkündigung und seinen Taten hat Jesus die messianische Hoffnung geweckt, dass Not, Ungerechtigkeit und Unterdrückung ein Ende finden würden. Des Weiteren wird erzählt, wie Jesus zum Tempel in

---

[11] Mit diesem Fest erinnern sich die Juden an den Auszug aus Ägypten, an ihre Befreiung und Errettung aus der ägyptischen Versklavung. Im Mittelpunkt des Festes stand das Schlachten des „Passahlamms". Als Opfer wurde es Gott dargebracht und anschließend in der häuslichen Mahlgemeinschaft verzehrt. Dazu gab es ungesäuertes Brot (Mazzen) und Wein, der aus einem gemeinsamen Becher getrunken wurde.

Jerusalem zieht, und ihn *„reinigt“*. Er vertreibt die Händler, die im Tempel die Tiere für die Opferung verkaufen. Die Tische der Geldwechsler stößt er um (Mk 11,12-18). Dabei dürfte sich seine Handlungsweise nicht nur gegen Auswüchse des Opferkultes gerichtet haben, sie war gleichzeitig – im Sinne der prophetischen Tradition – Demonstration gegen den Geist und die Art der Gottesdienste, die dort zelebriert wurden.[12] Der Tempel sollte keine Opferstätte, sondern ein „Bethaus“ sein.

Jesu Einzug in die Stadt Jerusalem und seine handgreifliche Kritik am Tempelkult provozierten einmal mehr die Machthaber der religiösen Ordnung: die Hohenpriester und Schriftgelehrten. Sie beratschlagten, wie sie Jesu habhaft werden konnten. In Judas Iskariot, der ein Jünger Jesu war, fanden sie den Verräter, der bereit war, die Tempelwache an den Ort zu führen, wo Jesus dann festgenommen wurde.[13]

Vorher versammelte sich Jesus mit seinen Jüngern zum Passahmahl. Während des gemeinsamen Essens sagte er ihnen voraus, dass einer aus dem Jüngerkreis ihn verraten und dass sie alle, seine Jünger, ihn verlassen würden. Petrus, der diese Voraussage entrüstet von sich wies und beteuerte, mit Jesus sterben

---

[12] Siehe u.a. Jesaja 1,11: *„Was soll mir die Menge eurer Opfer? spricht der Herr. Ich bin satt der Brandopfer von Widdern und des Fettes von Mastkälbern und habe keinen Gefallen am Blut der Stiere, der Lämmer und Böcke.“*

[13] Die Darstellung des Leidensweges Jesu kann nicht als historischer Bericht gelesen werden, wenn auch historische Erinnerungen verarbeitet sein mögen. Im Wesentlichen handelt es sich in der Passionsgeschichte um die Verkündigung des leidenden und gekreuzigten Gottessohnes, d.h. es geht um ein Geschehen, das menschliches Leid, menschliches Versagen und menschliche Grausamkeit in die Verheißung des Christus einbindet, worauf die vielen so genannten Weissagungsbeweise hindeuten. In den einzelnen Ereignissen des Leidensweges erfüllt sich die Verheißung der Propheten und der Psalmen. Oder umgekehrt: Die einzelnen Abschnitte sind diesen Weissagungen entsprechend erzählt worden. Im Besonderen gilt das für Jesu Worte am Kreuz. Nach Markus und Matthäus z.B. stirbt Jesus mit den Worten aus dem 22. Psalm: *„Mein Gott, mein Gott, warum hast du mich verlassen?“*

zu wollen, wird gesagt: *„Heute, in dieser Nacht, ehe der Hahn zweimal kräht, wirst du mich dreimal verleugnen“* (Mk 14,30 par).[14]

Anschließend, im Garten Gethsemane, zog Jesus sich zum Gebet zurück. Er wusste, was ihm bevorstand. Schrecken und Angst hatten ihn erfasst. Seine Seele war *„bis in den Tod betrübt“*. In dieser Anfechtung betete Jesus darum, *„der Kelch“* möge an ihm vorübergehen. Aber gleichzeitig fügte er sich in den Willen Gottes: *„Nicht mein Wille, sondern dein Wille geschehe!“* (Mk 14,32-36).

Inzwischen hatte Judas Iskariot die Tempelwache in den Garten Gethsemane geführt. Diese nahm Jesus gefangen, um ihn vor das Gericht der Religionsbehörde zu bringen. Als Jesus das widerstandslos geschehen ließ, wollte einer seiner Jünger ihn mit dem Schwert verteidigen. Nach dem Bericht des Evangelisten Matthäus wehrt Jesus ihn daraufhin mit jenen Worten ab, die dem späteren Christentum das Vermächtnis der Gewaltlosigkeit in die Wiege gelegt haben: *„Steck dein Schwert an seinen Ort! Denn wer das Schwert zieht, wird durch das Schwert umkommen“* (Mt 26,52).

Die Jünger Jesu, seine engsten Weggefährten, flohen. Sie verließen ihren Herrn, als er gefangen abgeführt wurde. Petrus war der Einzige, der seinem Herrn in den Palast des Hohenpriesters folgte. Hier traf dann ein, was Jesus ihm vorausgesagt hatte: Dreimal wurde er darauf angesprochen, zu den Jüngern Jesu zu gehören. Und dreimal beteuerte Petrus, ihn nicht zu kennen.

Erstaunlich, wie schonungslos die Evangelien das Versagen der Jünger erzählen und wie offen die Angst und der Zusammenbruch ihres Glaubens dargestellt werden.

---

[14] Mit dem Passahmahl, das Jesus als letztes Mahl mit seinen Jüngern vor seinem Tod feierte, verbindet sich nach der Darstellung der Evangelien die „Einsetzung des Abendmahls“, wie es von der nachösterlichen Gemeinde sehr bald gefeiert wurde. Brot und Wein werden hier auf den Leib und das Blut Jesu – „für uns gegeben“ – gedeutet. So, wie im jüdischen Passahmahl Gott ein Lamm als Opfer dargebracht wird, so feiert die christliche Gemeinde im Abendmahl Jesus als das wahre „Passahlamm“.

Vor dem Hohen Rat der Hohenpriester, Ältesten und Schriftgelehrten wurde Jesus wegen Gotteslästerung verurteilt. Gegenüber Pilatus, dem römischen Stadthalter, dem Jesus anschließend überstellt wurde, lautete die – ins Politische gewendete – Anklage, er habe sich zum „König der Juden“ (Messias) erklärt. D.h. sie klagen ihn wegen des Aufruhrs gegen die Staatsmacht an. Pilatus hält Jesus für unschuldig. Er will ihn freilassen. Schließlich gibt er dem Druck der Hohenpriester und dem Geschrei der aufgewiegelten Volksmenge nach. Weil er *„dem Volk zu Willen sein“* will, lässt er Jesus auspeitschen und verfügt seine Hinrichtung am Kreuz.

Aus heutiger Sicht erscheint es problematisch, wie die Evangelien das Verhör Jesu durch Pilatus darstellen. Historisch beurteilt, dürfte diese Szene sehr unwahrscheinlich sein. Aus anderen Quellen weiß man, dass Pilatus ein ausgesprochen grausamer, harter Vertreter der römischen Besatzungsmacht war, der mit Gefangenen, die im Verdacht standen, Aufrührer zu sein, kurzen Prozess machte.[15] Wer sich gegen die Staatsmacht erhob, war nach der damaligen römischen Rechtspraxis zu kreuzigen.

Man wird es so sehen müssen: Religionsbehörde und Staat arbeiteten zusammen, um den Ketzer und Aufrührer Jesus hinzurichten.

Als Jesus der Volksmenge gefangen, als machtlos gedemütigter Mensch vorgeführt wurde, verwandelte sich ihre Begeis-

---

[15] Dass Pilatus hier in einem so milden, gegenüber Jesus geradezu wohlwollenden Licht erscheint und der jüdische Hohe Rat als der alleinige Betreiber seiner Hinrichtung erscheint, spiegelt das Verhältnis der frühchristlichen Gemeinde zum Judentum einerseits und zum römischen Staat andererseits wider. Die Verfolgung, die die frühchristliche Gemeinde seitens der jüdischen Religionsbehörde zu erdulden hatte, und die Bemühung, sich gegenüber dem römischen Staat möglichst wohl zu verhalten, wird bei der Gestaltung der Gerichtsszene vor Pilatus eine Rolle gespielt haben. Sosehr diese Darstellung aus der frühen Situation der christlichen Gemeinde zu verstehen sein mag, sosehr hat sie aber dazu beigetragen, dass „die Juden“ im Verlauf der späteren Geschichte als „Christusmörder“ verurteilt und immer wieder Opfer schrecklicher Pogrome wurden.

terung in Enttäuschung und Wut. Auf einen solchen „König" hatten sie nicht gewartet und gehofft. Das *„Hosianna"* des Einzugs schlug um in das *„Hinweg mit ihm! Kreuzige ihn!"*.

Die Kreuzigung war eine römische Hinrichtungsart, die in ihrer Grausamkeit potenzielle Aufrührer abschrecken sollte. Sie fand als Schauprozess statt und gab die Hingerichteten der Beschimpfung und Verspottung durch die Schaulustigen preis.

So wird Jesus nach dem Bericht der synoptischen Evangelien vom Volk und den Hohenpriestern verhöhnt, ein machtloser „König der Juden" zu sein: *„Er hat anderen geholfen und kann sich selbst nicht helfen! Ist er der Christus, so steige er herab vom Kreuz, damit wir sehen und glauben!"* (Mk 15,29-32). Am Kreuz erleidet Jesus die tiefsten Qualen bis in die Dunkelheit der Gottverlassenheit hinein. Er stirbt nach den Berichten von Markus und Matthäus mit den Worten aus dem 22. Psalm: *„Mein Gott, mein Gott, warum hast du mich verlassen?"*[16]

2. Die Verkündigung des gekreuzigten Christus

Jesu Tod am Kreuz hatte die auf ihn gesetzte Hoffnung zum Erlöschen gebracht. Sie schien ad absurdum geführt. Wie sollte

[16] Die Strafe der Kreuzigung sollte nicht nur den Tod des Hingerichteten auf grausamste Weise herbeiführen, sondern sollte ihn auch so vernichten, dass nichts mehr von ihm übrig blieb. Normalerweise durfte der Leichnam daher nicht bestattet werden, sondern wurde den Hunden und Geiern zum Fraß überlassen (s. J. D. Crossan, Jesus ein revolutionäres Leben, S. 164 ff). Nur in besonderen Ausnahmen, wenn der Hingerichtete einen Fürsprecher hatte, der über gute Beziehungen zur römischen Besatzung verfügte, wurde eine Bestattung zugelassen. Die Evangelien berichten, dass es im Falle Jesu einen solchen Fürsprecher gab, den angesehenen Ratsherrn Joseph von Arimathäa. Er bittet Pilatus um die Freigabe des Leichnams Jesu, um ihn in einem Felsengrab zu bestatten. Crossmann hält diese Darstellung für einen späteren Versuch, die Grausamkeit der Hinrichtung Jesu nachträglich abzumildern. Wahrscheinlich sei, dass Jesus wie alle anderen unzähligen von der römischen Besatzungsmacht am Kreuz Hingerichteten den Hunden und Geiern zum Fraß überlassen wurde. Nach Crossmann also gab es gar kein Grab Jesu. Er hält es für möglich, dass es auf diese Weise zur Erzählung vom leeren Grab Jesu am Ostermorgen gekommen ist.

man glauben können, dass ein am Kreuz hingerichteter Mensch der Erlöser, der Bringer des Heils sei?

Die enttäuschte Hoffnung der Jünger bringt Lukas in seiner Erzählung von den Emmausjüngern zum Ausdruck: Die beiden Jünger begegnen auf ihrem Weg von Jerusalem nach Emmaus dem auferstandenen Herrn in der Gestalt eines ihnen fremden Wanderers. Auf dessen Frage, worüber sie miteinander redeten, erzählen sie, welch trauriges Ende es mit Jesus genommen habe, *„der ein Prophet war, mächtig in Taten und Worten vor Gott und allem Volk; wie ihn unsere Hohenpriester und Oberen zur Todesstrafe überantwortet und gekreuzigt haben. Wir aber hofften, er sei es, der Israel erlösen werde“* (Lk 24,19-21).

Das Erstaunliche ist: Es bleibt nicht bei der Enttäuschung. Die Kreuzigung Jesu bedeutet nicht das Ende des Glaubens an Jesus. Sie wird im Gegenteil zum Grund eines erneuerten Glaubens. Die Kreuzigung Jesu wird zum Ausgangspunkt der Verkündigung vom gekreuzigten und auferstandenen Jesus Christus.

In der Emmausgeschichte ist es der auferstandene Herr, der den beiden Jüngern die Augen für den wahren Sinn des Geschehens der Kreuzigung öffnet. Er verweist auf die Verheißung der Propheten, um dann die Frage zu stellen: *„Musste nicht Christus dies erleiden und in seine Herrlichkeit eingehen?“* (Lk 24,26). Diese Szene spiegelt die Erkenntnis der frühen christlichen Gemeinde, wonach sich im Leidensweg Jesu die Verheißung der Schrift erfüllt habe. Grundlage dafür wird das so genannte „Lied vom leidenden Gottesknecht“ im 53. Kapitel des Propheten Jesaja gewesen sein. Dort heißt es: *„Fürwahr, er trug unsre Krankheit und lud auf sich unsre Schmerzen. Wir aber hielten ihn für den, der geplagt und von Gott geschlagen und gemartert wäre. Aber er ist um unsrer Missetaten willen verwundet und um unsrer Sünde willen zerschlagen. Die Strafe liegt auf ihm, auf dass wir Frieden hätten, und durch seine Wunden sind wir geheilt“* (Jes 53,4-5).
Der Leidensweg Jesu bekommt einen stellvertretenden Sinn. In seinem Leiden gilt es, *„unsre Krankheit“* und *„unsre Schmerzen“* zu erkennen.

Wie ist das zu verstehen? Wie ist zu verstehen, dass er *„um unsrer Missetaten willen verwundet"* und *„um unsrer Sünde willen zerschlagen wurde"* , dass er *„gestraft"* wurde, *„damit wir Frieden hätten"* und wir durch *„seine Wunden"* geheilt würden?

3. Die Deutung der Kreuzigung Jesu als Sühnopfer

Eine Antwort auf diese Fragen hat die christliche Gemeinde gegeben, indem sie Jesu Tod am Kreuz als „Sühnopfer" verstanden hat. Im Neuen Testament ist es vor allem Paulus, der in Röm 3 den Kreuzestod Jesu als Opfer für unsere Sünden deutet. Gott selbst habe Jesus als seinen Sohn zum Sühnopfer für unsere Sünden in den Tod am Kreuz dahingegeben. Alle Menschen, ob Juden oder Heiden, seien schuldig vor Gott, sie *„ermangeln des Ruhms, den sie vor Gott haben sollten."* Die Schuld sei so groß, die Sünde so tiefgreifend, dass kein Werk des Menschen sie begleichen oder aufheben könne. Keine Tat des Menschen könne Gerechtigkeit vor Gott erwirken. Die Aufhebung der Schuld sei nur als Vergebung von Gott her möglich. Die Schuld aber bedürfe der Sühne durch ein Opfer, damit der Forderung Gottes nach Gerechtigkeit Genüge getan würde. Durch seinen Tod am Kreuz habe Jesus dieses Sühnopfer vollbracht und damit die Gerechtigkeit für uns Menschen erwirkt. Das bedeute: Vor dem Gerichtsforum Gottes sei uns durch das Sühnopfer, das Jesus mit seinem Sterben am Kreuz erbracht habe, die Schuld erlassen. *Wir sind mit Gott versöhnt. Gott sieht uns als gerecht an* (2Kor 5,19; Röm 5,9).

Hinter der Deutung des Kreuzestodes Jesu als Sühnopfer steht die Tradition des jüdischen Opferkultes. Im jüdischen Tempelkult wurden Opferlämmer geschlachtet. Am Versöhnungstag wurde ein Bock symbolisch mit den Sünden der Menschen beladen und als „Sündenbock" in die Wüste getrieben, um die Sünden des Volkes zu sühnen und Gott zu „versöhnen". Ähnliche Vorstellungen, wonach Gott durch ein Tieropfer – ursprünglich sogar Menschenopfer – gnädig gestimmt werden könne, kennen wir aus außerjüdischen Religionen.

Im Opfermahl der Mysterienkulte wird das geschlachtete Opfertier von der versammelten Gemeinde verzehrt. Mit dem

Essen des Opferfleisches gewinnt der Glaubende Anteil am Heil der Gottheit. Dem entspricht die Feier des Heiligen Abendmahls, wie es sehr bald in der christlichen Gemeinde gefeiert wurde. Brot und Wein wurden (und sie werden es nach katholischem Verständnis bis heute) mit der Segnung in den Leib und das Blut Jesu „verwandelt". Indem die Gemeinde vom Brot isst und vom Wein trinkt, gewinnt sie Anteil am Heilsgeschehen, das durch das Opfer Jesu erbracht wurde.

Verbunden mit der Deutung des Kreuzestodes Jesu als Sühnopfer ist die Erwartung des nahen Endes der Welt und des nahen Gerichtes Gottes über die in Sünde und Schuld verstrickte Menschheit. In dieser Erwartung lebten die ersten christlichen Gemeinden, lebte vor allem auch der Apostel Paulus. Angesichts des nahen Endes war die Frage vordringlich, wie der Mensch vor dem Gericht Gottes bestehen könne. Einfach ausgedrückt lautete die Antwort: Der wiederkommende Herr wird die Seinen kraft seines Opfers aus dem Gericht ins „Ewige Leben" führen.

Können wir diese Antwort des überlieferten Bekenntnisses heute in unserer aufgeklärten Zeit, die keine Opfer im religiösen Sinne mehr kennt, noch verstehen und nachvollziehen?

Abgesehen davon ergibt sich die Frage, ob denn die Deutung des Todes Jesu als Sühnopfer mit der Verkündigung und dem Leben Jesu in Einklang steht. Ist nicht gerade das Provozierende am Auftreten Jesu darin zu sehen: Gegen die allgemeine Erfahrung von Gewalt und Strafe verkündet er Gottes Liebe und Vergebung. Seine Liebe gilt voraussetzungslos allen Menschen! *„Er lässt seine Sonne aufgehen über Böse und Gute und lässt regnen über Gerechte und Ungerechte"* (Mt 5,45). Die Liebe Gottes bedarf keines Opfers, wie das Gleichnis vom verlorenen Sohn verdeutlicht.

4. Jesu stellvertretendes und erlösendes Leiden und Sterben

Wie aber lässt sich die Kreuzigung verstehen, wenn man sie nicht als Sühnopfer für unsre Sünden deuten kann? Oder anders gefragt: Worin ist die Intention der Sühnopfervorstellung zu sehen und wie lässt sie sich interpretieren? Paulus ist die Sühnopfervorstellung wichtig, weil es ihm um die „Gerechtigkeit" vor

Gott geht. Seine Argumentation beschließt er mit dem Satz: *„So sagen wir nun, dass der Mensch gerecht wird ohne des Gesetzes Werke, allein durch den Glauben"* (Röm 3,28). In dieser Argumentation sieht Paulus den Menschen vor dem Forum des Gerichtes Gottes (*coram deo*). Vor diesem Gerichtsforum muss er bestehen können. D.h. Paulus sieht das Gegenüber des Menschen vor Gott als ein Rechtsverhältnis. Geht man von der Verkündigung Jesu aus, wird das Verhältnis zu Gott als Gegenüber von Vater und Sohn verstanden, wie es im Gleichnis vom verlorenen Sohn deutlich wird. Entsprechend beten wir im Vaterunser zu Gott als dem „Vater". Der Mensch ist mit Gott durch die Liebe verbunden. Entsprechend heißt es im 1. Johannesbrief: *„Gott ist die Liebe; und wer in der Liebe bleibt, der bleibt in Gott und Gott in ihm"* (1Joh 4,16). *„Gerechtigkeit vor Gott"* wäre hier nicht im juristischen Sinn als Rechtsverhältnis, sondern als Gewissheit der Liebe Gottes, als Gewissheit seines Naheseins zu interpretieren.

Wie können wir Menschen der Liebe Gottes bzw. seiner Nähe gewiss sein? Wie kann ich glauben, dass er mir wie ein „Vater" nahe ist? Im Sinne der „Rechtfertigung (Gewissheit) allein aus Glauben" wäre zu sagen: Ich kann die Gottesnähe nicht mit meiner Erfahrung beweisen oder durch meinen Lebenswandel erwirken. Mein eigenes Glück oder Wohlergehen ist letztlich kein Erweis, dass Gott mir nahe ist und mein Leben segnet. Was wird aus der Gewissheit der Nähe Gottes im Angesicht der Erfahrung von Leid und Ungerechtigkeit? Wie kann ich der Liebe Gottes gewiss sein, wenn eine Krankheit mein Leben zerstört, wenn mir der liebste Mensch genommen wird, wenn mir der Tod vor Augen steht?

Die Kreuzigung Jesu ist – so gesehen – zunächst die Erfahrung der abgrundtiefen Gottesferne. *„Mein Gott, mein Gott, warum hast du mich verlassen?"* – so die Worte des sterbenden Jesus nach Markus und Matthäus. Das Kreuz Jesu entzieht jedem Versuch, Gottes Nähe erweisen oder sich als Verdienst zurechnen zu wollen, den Boden. Gottes Liebe, sein Nahesein, kann letztlich nur gegen den Augenschein geglaubt werden. Allein der Glaube lässt mich Gottes gewiss sein.

Woher aber empfängt der Glaube diese Gewissheit? Er empfängt sie paradoxerweise durch den gekreuzigten Christus. Er empfängt sie mit der Verkündigung, wonach Gott sich mit dem gekreuzigten Christus identifiziert – ja in ihm erschienen ist. Indem Jesus den Kreuzestod und damit die abgrundtiefe Gottverlassenheit auf sich nimmt und durchleidet und in seiner Auferstehung als der von Gott Geliebte erscheint, überwindet er den Abgrund der Gottesferne.

Darin gewinnt Jesu Sterben am Kreuz einen stellvertretenden Sinn: Jesus nimmt den Weg des Leidens und der Gottverlassenheit auf sich, um Gottes Nähe und Liebe durch Qual und Tod hindurch für uns Menschen zu erweisen. Er wird der Mittler, wird die Brücke über den Abgrund der Gottesferne. Nichts kann uns nun mehr trennen von Gottes Liebe. Im Blick auf den gekreuzigten bekennt daher Paulus: *„Ich bin gewiss, dass weder Tod noch Leben, weder Engel noch Mächte noch Gewalten, weder Gegenwärtiges noch Zukünftige, weder Hohes noch Tiefes uns scheiden kann von der Liebe Gottes, die in Christus Jesus ist, unserm Herrn"* (Röm 8,38-39).

Damit erhält das Geschehen der Kreuzigung Jesu nicht nur einen stellvertretenden, sondern auch einen befreienden – erlösenden – Sinn. Es befreit von der Macht der Sünde. Sünde ist hier nicht nur als Verfehlung, als Übertretung der Gebote, zu sehen, sondern als eine Macht, die Menschen in ihrem Bann gefangen hält. Im Römerbrief erinnert Paulus die Christen daran, dass sie – ehe sie zum Glauben an Christus kamen – *„Knechte der Sünde"*, d.h. der Ungerechtigkeit gewesen sind (Röm 6,17).

Es bedarf des stellvertretenden Leidens Jesu Christi, um die Macht der Sünde zu brechen.

Denn die Macht der Sünde besteht in der Angst. Es ist die Angst um das eigene Leben, die Angst, das Leben zu verpassen oder zu verlieren. Letztlich ist es die Angst vor dem Tod. Sie macht mich zum „Knecht", zum Komplizen der Sünde. Sie verführt mich, Unrecht zu tun oder zu dulden, um mein Leben zu erhalten. Sie verführt mich, meinen eigenen Vorteil, meine Macht auf Kosten anderer zu gewinnen.

Auf diesen Zusammenhang verweist die Geschichte vom „Rangstreit unter den Jüngern" (Mk 10,35-45 par). Unter den Jüngern bricht ein Streit darüber aus, wer in Jesu Reich ganz oben, zu seiner Rechten und Linken sitzen dürfe. Ihr Denken und Hoffen ist befangen im Machtdenken dieser Welt. Man muss „oben“ sein und über andere herrschen können, um am Leben teil zu haben. Dagegen antwortet Jesus: *Unter euch soll es nicht so sein, wie bei den Herrschern und Mächtigen, die ihre Völker niederhalten. „Sondern wer groß sein will unter euch, der sei euer Diener. Der Menschensohn ist nicht gekommen, dass er sich dienen lasse, sondern dass er diene und sein Leben gebe als Lösegeld für viele“* (Mt 20,26.28; Mk 10,45).

Jesus ist gekommen, außer Kraft zu setzen, dass Menschen übereinander herrschen. Nicht der ist letztlich groß, der nach dem Gesetzt der Welt „oben“ sitzt und andere beherrscht, sondern der ist groß, wer sein Leben im Dienst an anderen hergibt. *„Wer sein Leben erhalten will, der wird es verlieren; und wer sein Leben verliert um meinetwillen und meiner Botschaft willen, der wird es erhalten“* (Mk 8,35). Im Glauben an den Gekreuzigten können wir unser Leben hergeben, um es zu gewinnen. Ich muss mich nicht zum Komplizen des Unrechts machen, ich muss mich selbst nicht auf Kosten anderer groß machen, sondern kann im Vertrauen und in der Gewissheit der im gekreuzigten Christus erwiesenen Liebe Gottes ein Diener seiner Liebe werden.

In besonderer Weise wird diese Angst um sich selbst von den Herrschenden als Mittel ihrer Herrschaft eingesetzt. Mit der Angst vor dem Verlust des Lebens oder dem Verlust an Ansehen und Wohlergehen unterdrücken sie Menschen und Völker. Die Todesstrafe der Kreuzigung ist Ausdruck dieses Herrschaftsmittels. Sie soll Angst verbreiten und einschüchtern. Da der Mensch „gefangen“ ist in seiner Angst, lässt er sich beherrschen und unterdrücken. Mit seinem Leiden und Sterben überwindet Jesus diese Angst. Das Kreuz wird zum Symbol der Befreiung aus dem Gefängnis der Angst um das eigene Leben. Als Botschaft gerade des Gekreuzigten wären die Worte Jesu zu verstehen: *„Fürchtet euch nicht vor denen, die den Leib töten, doch die Seele nicht töten können“* (Mt 10,28).

Somit zahlt Jesus ein „Lösegeld“ für viele. Er tritt an die Seite der *„Vielen“* und geht denen voraus, die unter der Macht und Gewalt der Herrschenden leiden. Als der leidende Christus *„er-*

löst" er sie – öffnet die Tür des „Gefängnisses" ihrer Angst und Hoffnungslosigkeit.

Bis heute nehmen ungezählte Menschen den Weg des Leidens um der Gerechtigkeit und Freiheit willen auf sich. Durch die Gegenwart des Gekreuzigten werden sie getröstet und aufgerichtet. Ihr Leiden und Sterben ist nicht umsonst. Sie sind gemeint, wenn Jesus die Menschen *„selig"* preist, die *„um der Gerechtigkeit willen"* verfolgt werden. *„Ihnen gehört das Himmelreich"*. Ihnen gehört die Zukunft Gottes.

5. Jesu Tod als „Lösegeld" und „Saatkorn", das in die Erde gesenkt wird

Mit einem anderen Bild deutet das Johannesevangelium Jesu Leiden und Sterben: *„Wenn das Weizenkorn nicht in die Erde fällt und erstirbt, bleibt es allein; wenn es aber erstirbt, bringt es viel Frucht"* (Joh 12,24). Jesu Leben und Sterben ist als Saatkorn zu verstehen, aus dem die Frucht der erneuerten Welt der Gerechtigkeit hervor wächst. Das Korn muss in die Erde und vergehen, um diese Frucht hervorzubringen. Die Botschaft der neuen Gerechtigkeit und der Liebe braucht die Beglaubigung durch die Hingabe bis in den Tod hinein. Das Bild vom Weizenkorn vermittelt die Hoffnung auf den neuen Tag und die neue Welt, die aus dem Leben und Sterben Jesu hervorgeht. Das Samenkorn bleibt nicht allein. Es bringt seine Frucht in den Vielen, die dem Weg Jesu folgen.

6. Torheit und Ärgernis des „Wortes vom Kreuz" bei Paulus

Auch Paulus deutet die Kreuzigung Jesu nicht nur als Sühnopfer für unsere Sünden. Sondern sehr viel existenzieller als die abstrakte Sühnopfervorstellung ist für ihn die Verkündigung des gekreuzigten Christus als *„das Wort vom Kreuz"*. Hier betont Paulus das Provozierende und Revolutionäre dieser Botschaft. Im gekreuzigten Christus wendet sich Gott den Schwachen und Geringen zu und stellt sich ihnen an die Seite. Gottes Macht wird als Kraft der Schwachen offenbar.

Als Beispiel und Zeichen dafür steht ihm seine Gemeinde in Korinth vor Augen. Es gibt in ihr nicht viele gebildete Leute

(Weise), nicht viele Angesehene und Mächtige. Aber gerade sie sind von Gott erwählt. *„Was töricht ist vor der Welt, hat Gott erwählt, damit er die Weisen beschäme. Was schwach ist in der Welt, hat Gott erwählt, um zu beschämen, was stark ist. Und was niedriger Herkunft ist und verachtet wird, was vor der Welt nichts gilt, hat Gott erwählt"* (1Kor 1,27).

Im Sinne Jesu, der die Armen selig preist, sieht Paulus in den Schwachen, Armen und Verachteten der Gesellschaft die von Gott Berufenen. An ihnen zeigt sich die Kraft des Wortes vom Kreuz. Denen, die auf einen machtvollen Gott hoffen, ist sie ein *„Ärgernis"* und für die anderen, die nach *„Weisheit"* – nach menschlicher Vernunft – fragen und für die Gott ohnehin mit der Macht der Mächtigen und der Weisen verbunden ist, ist sie eine *„Torheit"*. Denen aber, die dem Wort glauben, wird sie zur *„Gotteskraft"* (1Kor 1,18-28).

„Kraft" nach der „Weisheit dieser Welt" bedeutet: Der Starke rühmt sich seiner körperlichen Kraft. Mit seinem Können versucht er, andere zu übertrumpfen. Die „Kraft Gottes" hingegen, die sich im Gekreuzigten offenbart, wird im Miteinander erfahren. In gegenseitiger Hilfe – darin, dass man den anderen in seiner Begrenztheit und „Schwachheit" annimmt und ihm aufhilft, wird gemeinsame Stärke erfahren.

Es geht um eine innere Kraft – nicht des Körpers, sondern der Seele.

Diese Kraft hat Paulus auch am eigenen Leibe erfahren. Im 2. Korintherbrief kommt er auf seine Krankheit – seinen *„Pfahl im Fleisch"* – zu sprechen, die ihn wie *„mit Fäusten des Satans"* schlägt. (Man vermutet, dass es sich um eine Art Epilepsie handelt). Dreimal habe er zu Gott gebetet, ihn von diesem Leiden zu erlösen. Anstatt einer wunderbaren Heilung aber erfährt er die Worte: *„Lass dir an meiner Gnade genügen; denn meine Kraft ist in den Schwachen mächtig"* (2Kor 12,9).

Die Erkenntnis des Gekreuzigten durchkreuzt den Stolz auf die äußere Kraft und Stärke. Der „Ruhm", der sich auf das eigene Können und auf den eigenen Erfolg gründet, ist *„vor Gott ausgeschlossen"*. Er gilt nichts. Paulus will sich deshalb lieber seiner Schwachheit rühmen, *„damit die Kraft Christi bei mir wohne ... Denn wenn ich schwach bin, dann bin ich stark!"*

In paradoxer, provozierender Weise stellt Paulus damit auf den Kopf, was normalerweise in unserer Gesellschaft als Stärke gilt. Normalerweise schämen wir uns unserer Schwächen und versuchen, sie zu verbergen. Aber das *„Wort vom Kreuz"* vermittelt uns ein neues Verständnis von Stärke. Sie ist eine innere Kraft, die uns geschenkt wird, wenn unser Glaube sich auf den gekreuzigten Jesus Christus richtet. Sie hilft uns, mit unseren Grenzen, mit unserer Unvollkommenheit und unseren Fehlern leben zu können. Als die *„Schwachen"* bleiben wir auf einander und auf Gott angewiesen. Wir sind offen für die Erneuerung unseres Lebens – für neue Erkenntnis, für einen neuen Anfang im Miteinander anstatt in gegenseitiger Konkurrenz.

III. Am dritten Tage auferstanden von den Toten

Wie ist es zu der erstaunlichen Erkenntnis gekommen, den Leidensweg und die Kreuzigung Jesu als Heilsgeschehen begreifen zu können? Wie konnten die Jünger ihre Enttäuschung, ihre Angst überwinden und zu diesem neuen Glauben finden, in dem sie erkannten: Gott verbindet sich mit dem geschmähten und erniedrigten Menschen, mit dem am Kreuz hingerichteten Jesus! Die Besinnung auf den leidenden Gottesknecht in Jesaja 53 allein kann diesen neuen Glauben nicht hervorgebracht haben. Die neue Erkenntnis bedurfte eines Ereignisses, das den Jüngern die Augen öffnete. Nach dem Bericht der Evangelien bewirkte die Begegnung mit dem Auferstandenen diese neue Erkenntnis. Aus Jüngern, die ihre Hoffnung verloren und sich davongemacht hatten, wurden Apostel, die die Botschaft Jesu – nun als Botschaft vom gekreuzigten und auferstandenen Christus – mutig in die Welt trugen.

1. Die Erscheinungen des Auferstandenen

Wie hat sich die Auferstehung Jesu ereignet? Wie wurde sie erkannt? Nach dem ursprünglichen Zeugnis des Neuen Testaments ist Jesus den Jüngern nach seiner Kreuzigung als der Auferstandene „erschienen".

Für diese Auferstehungserfahrung ist der Apostel Paulus einer der wichtigsten und ältesten Zeugen.

1Kor 15 kommt Paulus ausführlich auf das Thema Auferstehung zu sprechen. Zu Beginn zitiert er eine Art Bekenntnis, das er selbst übernommen hat, *„dass Christus gestorben ist für unsere Sünden nach der Schrift; und dass er begraben worden ist; und dass er auferstanden ist am dritten Tag nach der Schrift; und dass er* ***gesehen*** *worden ist von Kephas, danach von den Zwölfen"* (1Kor 15,3-5). Und der Apostel fügt hinzu: Danach sei der Auferstandene von anderen fünfhundert Brüdern *„gesehen"* worden. Und zuletzt sei er auch ihm selbst – dem geringsten aller Apostel – erschienen.

Offensichtlich meint Paulus mit diesem Nachsatz seine eigene Bekehrung, die für ihn alles veränderte, die ihn von einem wütenden Gegner und Verfolger der ersten christlichen Gemeinde zu einem ihrer eifrigsten und erfolgreichsten Verkündiger werden ließ (s. Gal 1,13ff).

Orientiert man sich am überlieferten und eigenen Zeugnis des Paulus, so wird deutlich: Bei der Erscheinung des Auferstandenen handelt es sich um eine intensive spirituelle Begegnung, die verschiedenen Zeugen über einen längeren Zeitraum zuteil wurde. Paulus berichtet im 2. Korintherbrief von *„Erscheinungen und Offenbarungen des Herrn"*. Sie hätten ihn bis in *„den dritten Himmel entrückt"*, ja, sie hätten ihn *„entrückt in das Paradies"* und ihn *„unaussprechliche Worte, die kein Mensch sagen kann"*, hören lassen (2Kor 12,2-4).

Dieses Erlebnis hatte zur Folge, dass sich ihm, dem jüdischen Schriftgelehrten, die Schriften der Tora und der Propheten ganz neu erschlossen. Er erkannte, dass Jesus eben kein Ketzer, sondern der Erfüller der Schrift war. Er begriff, dass im gekreuzigten Jesus Gott selbst Mensch geworden war. Gleichzeitig erlebte Paulus in der Begegnung mit dem Auferstandenen seine Berufung zum Apostel. Er konnte nicht mehr anders, als sich von Jesus Christus in Beschlag nehmen zu lassen. Er wurde in Bewegung gesetzt und zum unermüdlichen Boten, der bereit war, im Dienst des Evangeliums immer wieder sein Leben einzusetzen.[17]

---

[17] Vgl. dazu die Bekehrungsgeschichte des Paulus in Apg 9.

Von den „Erscheinungen Jesu“ erfahren wir auch aus den Evangelien. Diese berichten, wie die Jünger Jesu in der Begegnung mit dem Auferstandenen ein neues Verständnis der Schrift empfangen und wie damit gleichzeitig eine fundamentale Erneuerung ihres Glaubens einhergeht. Aus verzagten, furchtsamen Menschen werden Verkündiger der Botschaft Jesu, die sich in „alle Welt“ gesandt wissen.

Der so genannte „Missionsbefehl“ in Mt 28,16-20 beschreibt das eindrücklich. Die Jünger, die zurück nach Galiläa gingen – dorthin auf den Berg, *„wohin Jesus sie beschieden hatte“* –, wurden vom Auferstandenen in die Welt gesandt: *„Gehet hin in alle Welt und machtet zu Jüngern alle Völker ... lehret sie halten alles, was ich euch befohlen habe (was ihr von mir gelernt und empfangen habt). Und siehe, ich bin bei euch alle Tage bis zum Ende der Welt.”*

Im Johannesevangelium (Joh 20,19-23) erscheint der Auferstandene den Jüngern in Jerusalem, *„als die Jünger versammelt und die Türen verschlossen waren aus Furcht vor den Juden“*. Er trat hinein in ihre Verschlossenheit, in ihre Furcht und sprach zu ihnen: *„Friede sei mit euch!“* Und dann erteilte Jesus ihnen die Vollmacht, in seinem Namen und an seiner Stelle diesen Frieden in die Welt zu tragen: *„Wie mich mein Vater gesandt hat, so sende ich euch!“*

Sehr plastisch wird auch beim Evangelisten Lukas in der Geschichte von den „Emmausjüngern” (Lk 24,13-35) dargestellt, wie die Begegnung mit dem Auferstandenen – ähnlich wie bei Paulus – zu einem Erkenntnisprozess führt. Der Auferstandene erklärt den beiden Jüngern die Schrift und lässt sie somit zu einem neuen Verständnis der Kreuzigung Jesu finden. Sie bitten den Fremden im Ort Emmaus, mit ihnen zu Abend zu essen. Während des Brotbrechens erkennen sie ihn überraschenderweise als den auferstandenen Christus, und sie erinnern sich, dass ihnen *„das Herz brannte“*, als er ihnen die Schrift erklärte. Auferstehung also führt zur Erleuchtung des Geistes, die Kopf und Herz erfasst.

Die Emmausjünger konnten dann zurückkehren nach Jerusalem, an den Ort der Niederlage und des Entsetzens, um den dort versammelten Jüngern die empfangene Botschaft weiter zu sagen.

Ergreifend erzählt das Johannesevangelium die Begegnung des Petrus mit dem Auferstandenen als Umkehr und Erneuerung des Glaubens: Petrus ist mit anderen Jüngern zurückgekehrt an den See Genezareth (Joh 21,1-18). Sie haben ihren Beruf als Fischer wieder aufgenommen. Und wie einst, als Jesus ihnen das erste Mal am See begegnete, sehen sie ihn wieder am Ufer stehen. Und wie einst fordert er sie auf, ihre Netze auszuwerfen. Und wiederum machen sie gegen alle Berufserfahrung einen übergroßen Fang. Und nun erkennen sie: *„Es ist der Herr!"* Als sie an Land sind und mit Jesus essen, kommt es zur erneuten Berufung des Petrus. In Anspielung und Erinnerung an die dreimalige Verleugnung seines Herrn wird Petrus dreimal gefragt: *„Hast du mich lieb*?" Dreimal antwortet Petrus: *„Herr, du weißt, dass ich dich lieb habe."* Und dreimal erhält Petrus den Auftrag: *„Weide meine Schafe!*" In der Begegnung mit dem Auferstandenen erfährt Petrus die Vergebung seiner Schuld und erfährt aufs Neue seine Berufung. Er erhält den Auftrag, die erste christliche Gemeinde zu leiten und damit die Botschaft Jesu, seines Herrn, zu verkündigen.

2. Die Geschichten vom leeren Grab Jesu

Die Erscheinungen des Auferstandenen haben sich über einen langen Zeitraum hingezogen. Sie bewirkten ein neues Verständnis der Schriften der Propheten und beriefen die Jünger aufs Neue, Zeugen und Verkündiger Jesu Christi zu sein.

Wie aber ist es zum Bekenntnissatz gekommen, wonach Jesus *„auferstanden ist am dritten Tag nach der Schrift?"* Hat es außer den Erscheinungen des Auferstandenen ein besonderes Ereignis der Auferstehung Jesu *„am dritten Tag"* nach der Kreuzigung gegeben?

Die Evangelien berichten davon. Das Grundmuster gibt der Evangelist Markus vor (Mk 16,1-8): Drei Frauen, die namentlich genannt werden, gehen am *„dritten Tag"* nach der Kreuzigung, als der Sabbat vergangen war, früh morgens bei Sonnenaufgang zum Grab, um den Leichnam Jesu mit wohlriechendem Öl zu salben. Als sie sich fragen, wer ihnen den Stein vom Eingang des Grabes weg wälzen wird, sehen sie diesen bereits entfernt. Im Grab erscheint ihnen ein Jüngling in weißem Gewand. Von ihm vernehmen sie die Botschaft: *„Ihr sucht Jesus von Nazareth, den Gekreuzigten. Er ist auferstanden, er ist nicht hier!"* (Bei Lukas heißt es an dieser Stelle: *„Was sucht ihr den Lebendigen bei den Toten? Er ist nicht hier, er ist auferstanden!"*) Mit dieser Botschaft sendet der Jüngling die Frauen zu den Jüngern. Sie sollen ihnen sagen: *„Er wird vor euch hingehen nach Galiläa; dort werdet ihr ihn sehen."* Die Frauen aber fürchten sich vor dieser Erscheinung. Sie sind entsetzt und ergreifen die Flucht.

Nach dem Bericht des Markus sagen sie niemanden etwas. (Bei Lukas gehen die Frauen zu den Jüngern und berichten, was sie erlebt haben. Aber die Jünger glauben ihnen nicht. Sie halten den Bericht der Frauen für dummes „Geschwätz".)

Nach dem Bericht des Markus geschieht Ostern nicht am Grab. Die Geschichte vom leeren Grab hat die Funktion, die Jünger und den Leser nach Galiläa zu verweisen, dorthin, wo der Auferstandene den Jüngern begegnen wird. Entsprechend wird der merkwürdige Schluss zu verstehen sein, wonach die Frauen fliehen und vor Angst niemandem etwas sagen. Offensichtlich hat die Geschichte vom leeren Grab Jesu nach Markus für den Glauben an die Auferstehung Jesu ursprünglich keine Bedeutung. Der Glaube an den Auferstandenen ist an die Entdeckung eines leeren Grabes nicht gebunden. Im ursprünglichen Zeugnis, das der Apostel Paulus 1Kor 15 zitiert, ist auch von einer Entdeckung des leeren Grabes nicht die Rede.

Die Nachricht vom leeren Grab für sich weckt eher Skepsis, Unglauben – selbst bei den Jüngern Jesu. Sie könnte auch bedeuten – wie die jüdische Polemik behauptet –: Der Leichnam Jesu wurde gestohlen (s. Mt 28,11-15). Oder sie könnte bedeuten: Es hat überhaupt kein Grab Jesu gegeben, wie historisch-kritische Forschung heute vermutet. Danach wurde der Gekreuzigte gar nicht bestattet, sondern sein Leichnam wurde – wie es die römische Praxis vorsah – ein Fraß der wilden Tiere und Vögel.[18]

---

[18] Vgl. J.D. Crossan, Jesus, ein revolutionäres Leben, Beck Verlag, S. 163 ff.

Allemal wecken die Erzählungen vom leeren Grab Jesu, die ja so etwas wie eine Wiederbelebung des Leichnams suggerieren, in unserer Zeit eher Unglauben als Glauben. Sie verdunkeln eher den Sinn dessen, was Auferstehung Jesu bedeutet, als ihn zu erhellen.

Die Geschichten von der Entdeckung des leeren Grabes Jesu *„am dritten Tag"* sind vermutlich in einem späteren Stadium der mündlichen Überlieferung entstanden. Mit ihnen erfüllt sich die Verheißung „der Schrift". Beim Propheten Hosea heißt es: *„Kommt, wir wollen wieder zum Herrn; denn er hat uns zerrissen, er wird uns auch heilen, er hat uns geschlagen, er wird uns auch verbinden. Er macht uns lebendig nach zwei Tagen, er wird uns* ***am dritten Tage*** *aufrichten, dass wir vor ihm leben werden"* (Hos 6,1-2).

Zum anderen symbolisiert das „leere Grab" die Macht des Auferstandenen über die Macht des Todes. Der zweite Brief des Paulus an Timotheus (1,10) beschreibt diesen Glauben mit den Worten: *„Christus Jesus hat dem Tode die Macht genommen und das Leben und ein unvergängliches Wesen ans Licht gebracht."*

Sosehr Auferstehungsglaube zunächst als Erkenntnisprozess und als Berufung zum Dienst am Evangelium zu beschreiben ist, so ist er auch Glaube *„an die Auferstehung der Toten"* (wie es im Glaubensbekenntnis heißt). Der Tod hat nicht das letzte Wort. Die Auferstehung Jesu begründet die Hoffnung: Unser Leben und Sterben ist von Gott umfangen. Unser Leben verliert sich nicht im Nichts. Durch den Tod hindurch erstehen wir auf zu neuem Leben bei Gott.

Von daher wird man die Geschichten vom leeren Grab Jesu auch als Provokation, als Protest gegen den Tod verstehen können. Vor allem Matthäus bringt diesen Protest in seiner Darstellung zum Ausdruck. Er erzählt, dass die Hohenpriester und Schriftgelehrten Pilatus um eine Grabwache und um die Versiegelung des Grabes baten (Mt 27,62-66; 28,4). Sie wollten verhindern, dass die Jünger den Leichnam Jesu stehlen, um hinterher behaupten zu können, er sei auferstanden. Am Ostermorgen dann geschah ein großes Erdbeben, das die Grabwächter wie tot zu Boden fallen ließ. Die Macht der Soldaten konnte den Sieg des Lebens über die Gewalt des Todes nicht verhindern!

3. Vorstellungen von der Auferstehung der Toten

Das Bekenntnis zur Auferstehung der Toten ist keine Besonderheit des Christentums. Vorstellungen und die Lehre von der Auferstehung der Toten gehören auch zum Glauben anderer Religionen (u. a. des Islam). [19]

Im Alten Testament kommt die Vorstellung von der Auferstehung der Toten nur am Rande vor. Ursprünglich gab es sie dort nicht. Im 90. Psalm z.B. wird die Vergänglichkeit des Menschen vor Gott beklagt. *„Du lässt sie (die Menschen) dahinfahren wie einen Strom. Sie sind wie das Gras, das morgens blüht und am Abend verwelkt.“* An Gott glauben, heißt hier, bei Gott seine *„Zuflucht für und für“* zu finden. Gott bleibt unser Gott im Leben und im Sterben. Klug werden wir, wenn wir *„bedenken, dass wir sterben müssen“*. Zum Schluss bittet der Psalm sehr irdisch (sehr modern!), Gott möge *„das Werk unsrer Hände fördern“*.

Die Vorstellung von einer Auferstehung der Toten hat sich im Judentum erst spät entwickelt. Ursprünglich erwartete man eine irdische Zukunft. Der von Gott verheißene und von den Propheten angekündigte Messias – der König der Gerechtigkeit – werde das Volk Israel befreien und wiederherstellen. Etwa seit dem 3. Jh. v. Chr. verwandelte sich diese Erwartung durch den Einfluss iranischer (oder auch ägyptischer?) Theologie in eine individuelle Auferstehungshoffnung, wonach am Ende der Zeit die Menschen auferstehen und vor den Richterstuhl Gottes treten. Dort muss sich jeder Mensch mit seinem Tun vor Gott verantworten. Dabei wird die Auferstehung als eine leibliche vorgestellt. Denn nur so tritt der mit seinem Leben identische Mensch, der Mensch mit seinen Taten und Worten, vor Gott. Dieser Vorstellung entsprechend wird die Erscheinung des auf-

---

[19] Einer der Ursprünge des Glaubens an ein unvergängliches jenseitiges Leben dürfte vor allem im Totenkult des alten ägyptischen Reiches zu sehen sein. In den Grabkammern der Könige ist abgebildet, wie der Verstorbene in einer Barke aus dem Totenreich in das Reich des Lebens hinübergefahren wird, nachdem er vorher das Totengericht zu bestehen hat.

erstandenen Christus als leibhaftige berichtet, was vor allem für die lukanischen Erscheinungsgeschichten gilt

Aber noch zur Zeit Jesu gab es im Judentum die Lehrmeinung der Sadduzäer, die eine Auferstehung der Toten ablehnte. Im Markusevangelium wird berichtet, wie Jesus mit den Sadduzäern ein Streitgespräch darüber führt, ob und wie die Toten auferstehen. Um die Vorstellung einer leiblichen Auferstehung ad absurdum zu führen, erzählen sie eine konstruierte Geschichte: *Sieben Brüder, die nacheinander sterben, heiraten jeweils dieselbe Frau, die Frau des verstorbenen Bruders. Dann stirbt auch die Frau. Welchem der Brüder wird sie im Falle der Auferstehung angehören?* Jesus antwortete den Sadduzäern, sie seien mit ihrer Vorstellung im Irrtum. *„Wenn die sieben Brüder von den Toten auferstehen werden, so werden sie weder heiraten noch sich heiraten lassen, sondern sie sind wie die Engel im Himmel."* Und er fügte hinzu: *„Gott ist nicht ein Gott der Toten, sondern der Lebenden"* (Mk 12,18-27).

Auferstehung bedeutet nicht die körperliche Wiederherstellung des Leichnams. Sie macht den Tod nicht rückgängig. Sie ereignet sich als Verwandlung in ein neues Sein. Sie ist ein Ausdruck dafür, dass Gott ein *„Gott des Lebens"* ist.

Ähnlich argumentiert der Apostel Paulus. In seinen Ausführungen zur Frage der Auferstehung der Toten in 1Kor 15 setzt er sich mit einer Gemeindegruppe auseinander, die ebenfalls die Vorstellung von einer Auferstehung der Toten ablehnt. Zunächst stellt Paulus fest, dass es ohne eine Auferstehung der Toten auch keine Auferstehung Jesu gibt. *„Ist aber Christus nicht auferstanden, so ist unsere Predigt vergeblich, so ist auch euer Glaube vergeblich"* (V. 14). Im Verlauf seiner weiteren Argumentation kommt er auf die Frage zu sprechen, wie denn die Toten auferstehen werden. Als Bild für seine Vorstellung gebraucht er das Saatkorn. So wie das Saatkorn in die Erde gesät wird und sein Leib als Korn stirbt, um in einen neuen Leib verwandelt zu werden, so wird auch unser irdischer Leib verwandelt: *„Es wird gesät verweslich und wird auferstehen unverweslich. Es wird gesät in Niedrigkeit und wird auferstehen in Herrlichkeit. Es wird gesät in Schwachheit und wird auferstehen in Kraft. Es wird gesät ein natürlicher Leib und wird auferstehen ein geistlicher Leib."* Wichtig ist ihm: Mit der Auferstehung Jesu Christi ist die Macht des Todes gebrochen: *„Tod, wo ist dein Sieg? Tod, wo ist dein Stachel? ... Gott aber sei Dank, der uns den Sieg gibt durch unsern Herrn Jesus Christus“* (1Kor 15,55.57).

Der Glaube an die Auferstehung der Toten bedeutet die Verwandlung unseres Seins. Wie diese Verwandlung vorzustellen ist, dafür gibt es nur Bilder. Sie ist letztlich nicht vorstellbar. *„Unser Wissen ist Stückwerk“*, schreibt der Apostel Paulus. *„Wir sehen jetzt durch einen Spiegel ein dunkles Bild, dann aber von Angesicht zu Angesicht. Jetzt erkenne ich stückweise; dann aber werde ich erkennen, wie ich erkannt bin“* (1Kor 13,12). Was uns bleibt – was uns durchträgt, sind *„Glaube, Hoffnung, Liebe, diese drei; aber die Liebe ist die größte unter ihnen“* (V 13).

Dabei gilt es, die Auferstehungshoffnung vor Missverständnis und Missbrauch zu schützen.

Sie wird missverstanden, wenn sie als Hoffnung auf das bessere Leben im Jenseits gedeutet wird und diese Welt mit ihrer Not und ihren Konflikten als „Jammertal“ abschreibt; wenn sie also keine Hoffnung mehr für diese Welt ist. Sie wird missbraucht, wenn Menschen als Kämpfer oder Selbstmordattentäter mit dem Versprechen auf die Belohnung am Tage der Auferstehung in den Tod getrieben werden und dabei Zerstörung und Vernichtung anrichten.

Gegen solche Missdeutung richtet sich das neutestamentliche Zeugnis, wenn es die Erscheinungen des Auferstandenen mit der Berufung und Sendung der Jünger verbindet. Der auferstandene Christus weist nicht nur nach oben in den Himmel, sondern vor allem auch auf diese Erde. Als Gekreuzigter wird er zum Herrn der Seinen erhöht, die von ihm gesandt sind, seine Botschaft der Liebe in der Welt zu verwirklichen.

4. Die Auferstehung Jesu als Herrschaft des erhöhten Herrn

Besonders in der Theologie des Paulus ist die Auferstehung des gekreuzigten Jesus aufs engste verbunden mit seiner Ermächtigung zum *Herrn* der Welt und der Gemeinde.

Im Philipperbrief wird die Auferstehung Jesu als Erhöhung zum Herrn über *„alle Mächte und Gewalten“* verstanden. Am

Ende des so genannten *Christushymnus* heißt es: *„Gott hat ihn erhöht und hat ihm einen Namen gegeben, der über allen Namen ist, auf dass sich im Namen Jesu beugen sollen alle, die im Himmel und auf der Erde und unter der Erde sind. Alle Zungen sollen bekennen, dass Jesus Christus der Herr ist, zur Ehre Gottes des Vaters"* (Phil 2,9-11). Die Erhöhung Jesu Christi zum Herrn bekommt hier einen kosmischen Rang.

Bei Lukas wird in der Apostelgeschichte die Erhöhung zum Herrn durch die Erzählung von der „Himmelfahrt Jesu" zum Ausdruck gebracht (Apg 1,1-14). Und dieser Geschichte entsprechend bekennen wir im Glaubensbekenntnis zusätzlich zum Bekenntnis der Auferstehung Jesu: *Jesus Christus ... „aufgefahren in den Himmel. Er sitzt zur Rechten Gottes, des allmächtigen Vaters."*

Wie ist dieser Bekenntnissatz zu verstehen, oder wie sollte er nicht verstanden werden?

In der weiteren Geschichte der frühen Kirche erhält der zum Himmel aufgefahrene Christus die Würde des „Pantokrators", des Weltenherrschers. Als solcher wird er in der byzantinischen Kunst abgebildet, wie er auf einem Thron sitzend über die Welt herrscht. Seine Herrschaft wurde dabei mit der Macht des christlichen Kaisers oder Königs verbunden. Christus wurde mit den Insignien weltlicher Macht ausgestattet.

Dagegen verbindet Paulus Jesu „Herr-sein" aufs engste mit dem Gekreuzigten, mit dem Jesus, der ein Opfer der Macht der Mächtigen wurde. Seine Macht und Kraft erscheint nicht im Glanz königlicher Herrschaft, sondern wird *„in der Schwachheit mächtig"*. Der Sinn der Erhöhung des Gekreuzigten zum Herrn über alle Mächte und Gewalten ist darin zu sehen: Die Macht der Mächtigen ist begrenzt und muss sich vor dem Maßstab Jesu Christi verantworten. Das System der Macht, wonach die „da oben" über die „da unten" herrschen, sie unterdrücken und ausbeuten, wird abgelöst durch die Macht der Liebe, die die Menschen in ihrer Verschiedenheit akzeptiert und zueinander führt.

In der Gestalt des erhöhten Herrn finden wir den gültigen Maßstab für das, was es heißt, als Mensch zu leben und zu sterben: *„Leben wir, so leben wir dem Herrn, sterben wir so ster-*

ben wir dem Herrn. Darum wir leben oder sterben, sind wir des Herrn. Denn dazu ist Christus gestorben und auferstanden, dass er über Tote und Lebendige Herr sei" (Römer 14,8.9).

Der Mensch, der sich der Herrschaft des Gekreuzigten unterstellt, der – wie Paulus sagt – *„in Christus ist"*, wird eine *„neue Kreatur"*. *„Das Alte ist vergangen, siehe, Neues ist geworden"* (2Kor 5,17). *„In Christus"* gibt es nicht mehr die Rangabstufung zwischen „Juden und Griechen" (zwischen Gläubigen und Heiden,) zwischen „Freien und Sklaven", zwischen „Mann und Frau". Wir alle sind *„durch den Glauben Gottes Söhne (Töchter) in Christus Jesus"* (Gal 3,26-28).

Und fragt man, wie denn die Herrschaft Jesu Christi Gestalt annimmt, verweist der Apostel auf die Gemeinde als *„Leib des erhöhten Herrn"* (Röm 12,3-8; 1Kor 12). Die Glieder der Gemeinde verstehen sich als *„Glieder Christi"*, als *„Leib"*, dessen Haupt der erhöhte Herr ist. Anstatt miteinander zu konkurrieren, ergänzen sie einander mit ihren Gaben. Wenn ein Glied leidet, so leiden die andern mit. Sie nehmen einander an, wie Christus sie angenommen hat. Im Zusammenleben der Gemeinde nimmt der erhöhte Herr Gestalt an, wird „sein Leib" lebendig. Im Abendmahl feiert die Gemeinde die Gemeinschaft mit ihm. Brot und Wein sind die Zeichen seiner Gegenwart. Im gemeinsamen Essen und Trinken will er mit ihnen und unter ihnen sein (1Kor 11,23ff).

Die Gemeinde als Leib des erhöhten Herrn ist gesandt, *„Salz der Erde"* und *„Licht der Welt"* zu sein (Mt 5,13-16).

Oder mit den Worten des Paulus: Sie sollen sich dieser Welt nicht *„gleichstellen"*. Sondern: *„Ändert euch durch Erneuerung eures Sinnes, damit ihr prüfen könnt, was Gottes Wille ist, nämlich das Gute und Wohlgefällige und Vollkommene"* (Röm 12,2).

In einer Welt, in der das Böse mit Bösem vergolten wird, geben Christen ein anderes Beispiel: Sie lassen sich nicht vom Bösen überwinden, sondern können das Böse durch das Gute überwinden (Röm 12,21).

Was aber, wenn das Salz seine Kraft verliert, nicht mehr „salzt"? Es ist nach den Worten Jesu zu nichts anderem nütze, als weggeschüttet und von den Leuten *„zertreten"* zu werden (Mt 5,13).

Wenn Streit die Gemeinde entzweit, wenn sie sich selbst genug ist und ihren Auftrag vergisst, als „Kirche für andere“ (Bonhoeffer) *„Licht der Welt“* zu sein, verliert sie ihre Kraft. Wenn sie sich an die Machtstrukturen dieser Welt anpasst, wird ihre Botschaft unglaubwürdig.

Erstaunlich für uns heute ist, wie schnell sich die ersten christlichen Gemeinden in der damaligen antiken Welt ausbreiten konnten, und wie die frühe christliche Kirche angesichts der Gewalt staatlicher Macht an Zulauf gewann.

In den ersten drei Jahrhunderten – ehe das Christentum als Staatsreligion im römischen Reich anerkannt wurde – geschah dies nicht mit Mitteln militärischer Gewalt oder staatlicher Macht. Die christliche Kirche verdankt ihre Ausbreitung der inneren Kraft, die sie mit ihrer Verkündigung und ihrem Leben in den Gemeinden ausstrahlte. Liebe, Freiheit und Hoffnung waren nicht nur Worte, sondern Liebe, Freiheit und Hoffnung waren „Worte und Taten“[20].

Wenn man nach einer feststellbaren „Tatsache“ für die Kraft der Auferstehung Jesu sucht, dann wäre es diese erstaunliche geschichtliche Tatsache: Aus der verlorenen Schar der Jesus-Anhänger nach der Kreuzigung ihres Herrn wurde eine Bewegung, die sich in kurzer Zeit über die Grenzen Judäas/Syriens hinaus im Mittelmeerraum und in Kleinasien ausbreitete.[21]

IV. Jesus der „Sohn Gottes“

Wenn sich die erste christliche Gemeinde zu Jesus als dem *Christus* bekannte, brachte sie zum Ausdruck: Mit Jesu Erscheinen hat sich die prophetische Hoffnung auf Gerechtigkeit und Frieden erfüllt. In paradoxer Weise ist diese Hoffnung mit

---

[20] Siehe das Lied aus den „neuen Kirchenliedern“: „Liebe ist nicht nur ein Wort!“

[21] Siehe dazu die Titelgeschichte des *„Spiegel“* vom 23.03.08: „Als Jesus noch ein Guru war“. Bei allen Vorbehalten kann der Verfasser nicht umhin, die Ausbreitung des Christentums als staunenswerte Tatsache zu beschreiben.

dem am Kreuz hingerichteten Jesus verbunden. Als *„Wort vom Kreuz“* (Paulus) empfängt sie eine neue Richtung und Tiefe.

Von Beginn an aber ist für die christliche Gemeinde Jesus auch der „Sohn Gottes“. Mit diesem „Titel“ wird die göttliche Autorität und Würde Jesu hervorgehoben.

Aber in welcher Hinsicht ist Jesus Gottes „Sohn“? Wie ist dieser Titel zu verstehen, zumal wenn er mit der Jungfrauengeburt verbunden wird, wie es in der späteren Bekenntnisbildung geschehen ist.

Im zweiten Artikel des apostolischen Glaubensbekenntnisses bekennen wir in jedem Gottesdienst: *„Ich glaube an Jesus Christus, Gottes eingeborenen Sohn, unseren Herrn, empfangen durch den Heiligen Geist, geboren von der Jungfrau Maria ...“*

Wie kann Gott einen „Sohn“ haben? Wie Maria über den Heiligen Geist von Gott als Jungfrau schwanger werden? Sind das nicht sehr merkwürdige, problematische Vorstellungen? Im Gespräch mit Muslimen werden solche Fragen – manchmal kopfschüttelnd – gestellt.

1. Das antike Verständnis vom Gottessohn

Um das Bekenntnis zur Gottessohnschaft Jesu zu verstehen, ist es nützlich, zunächst auf ihren religionsgeschichtlichen Hintergrund zu blicken. Dieser Titel entstammt nicht der alttestamentlich-jüdischen Überlieferung, sondern er wurde aus der religiösen Umwelt des Hellenismus übernommen.

In der griechisch-hellenistischen Tradition wurden Männer, die sich durch besonders heroische Taten auszeichneten (z.B. Herakles), als „Gottessöhne“ verehrt. Man glaubte, das Göttliche zeige sich in der Kraft und im Heldentum eines Menschen. Heute wären diese „Gottessöhne“ vielleicht vergleichbar mit Popstars, mit Hochleistungssportlern oder Filmstars. Über die Medien werden sie in besonderer Weise ins Licht gestellt, mit Ruhm und Glanz umgeben. Sie stillen das Verlangen der Menschen nach Verehrung. Man will teilhaben an ihrem Glanz.

Zum andern präsentierte sich im ägyptischen und persischen Großreich und dann im Römischen Reich die Gottheit in der Macht und Herrlichkeit des Pharao, des Großkönigs oder Kaisers. Der Titel „Gottessohn“ brachte die göttliche Herkunft des

Herrschers und damit seine absolute Autorität zum Ausdruck. Die Untertanen dieser Großreiche waren verpflichtet, ihren Herrscher kultisch zu verehren.[22]

Auch die Vorstellung einer „Jungfrauengeburt“ war in der antiken, insbesondere in der hellenistisch-orientalischen Religionswelt weit verbreitet. Die Geburt der „Gottessöhne“ – ob Heroen oder Herrscher – wird auf die Zeugung durch die Gottheit und auf eine wunderbare jungfräuliche Geburt zurückgeführt (z.B. die Geburt Zarathustras, des Herakles oder die jungfräuliche Zeugung der Pharaonen durch den Gott Amun-Re).

Wie nun aber ist die Übertragung des Titels „Gottessohn“ auf den am Kreuz hingerichteten Jesus zu verstehen?

Zunächst wird man feststellen müssen: In der Frömmigkeitsgeschichte hat dieser Hoheitstitel dazu geführt, dass Jesus der irdischen Wirklichkeit gewissermaßen entrückt wurde. Aus dem am Kreuz hingerichteten Menschen Jesus von Nazareth wurde – zumal in der Verbindung mit der Jungfrauengeburt – ein göttliches, himmlisches Wesen, dem man vor diesem Hintergrund dann auch kultische Verehrung entgegenbrachte.

Der eigentliche Sinn des Bekenntnisses zur Gottessohnschaft Jesu richtet sich aber gerade gegen den Kult um die Stärke oder Macht eines Mannes. Gott verbindet sich nicht mit der Kraft der Starken und der Macht der Mächtigen. Er erschien vielmehr in einem Menschen, der sich letztlich am Kreuz als schwach und machtlos erwies.

Verbunden mit diesem Bekenntnis war daher auch die Weigerung, dem staatlichen Herrscher als Gott-König zu huldigen. Diese Verweigerung trug der frühen christlichen Gemeinde im Römischen Reich Verfolgung und Martyrium ein und wurde gleichzeitig so etwas wie der „Same“ der sich rasch ausbreitenden christlichen Gemeinden (*„Das Blut der Märtyrer ist der*

[22] „Führer“ faschistischer oder kommunistischer Diktaturen des 20. Jahrhunderts in Europa oder die „Big men“, die sich heutzutage in afrikanischen Staaten mit unbegrenzter Macht ausstatten lassen, beanspruchten bzw. beanspruchen eine ähnliche Verehrung.

Same der Kirche" – Ausspruch des lateinischen Kirchenlehrers Tertullian).[23]

Das Bekenntnis zur Gottessohnschaft Jesu ist somit provokatorisch zu verstehen: nämlich macht-kritisch! So wie das Bekenntnis zum „Herr-Sein" Jesu stellt es jede Form absoluten Machtanspruchs in Frage und ermutigt zum Widerspruch und Widerstand gegen einen solchen Anspruch.

2. Jesus als „Sohn Gottes" bei Paulus

Dem entspricht das ursprüngliche Verständnis der Gottessohnschaft Jesu bei Paulus.

In der Einleitung des Römerbriefes erläutert Paulus seine Berufung zum Apostel des Evangeliums von Jesus Christus mit den Worten: *berufen, „zu predigen das Evangelium Gottes ... von seinem Sohn Jesus Christus, unserm Herrn, der geboren ist aus dem Geschlecht Davids nach dem Fleisch (nach seiner menschlichen Geburt) und nach dem Geist, der heiligt,* ***eingesetzt*** *ist als Sohn Gottes in Kraft der Auferstehung von den Toten."*

Zum einen betont Paulus hier die leibliche Herkunft aus dem *„Geschlecht Davids"*. Als Nachkomme Davids aber gilt Joseph, der somit als leiblicher Vater Jesu zu sehen ist.

Ähnlich heißt es in Gal 4,4: *„... Gott sandte seinen Sohn, geboren von einer Frau."* Die Vorstellung von einer „Jungfrauengeburt" erwähnt Paulus nicht.

Zum andern wird Jesus kraft seiner Auferstehung zum „Sohn Gottes" *„eingesetzt"*. D.h. mit der Erfahrung von Ostern werden die Jünger dessen gewiss: Gott hat sich mit diesem am Kreuz hingerichteten Jesus verbunden. Jesus ist nicht von Geburt an mit einer so genannten „zweiten Natur" als Gottessohn ausgestattet. Sondern er wurde von einer *Frau* – wie jeder andere Mensch auch – geboren.

---

[23] Wie wäre die Geschichte des „Dritten Reiches" verlaufen und was wäre aus unserer Kirche geworden – wie stünde sie heute da, wenn sie mit ihren Repräsentanten den Führerkult um Adolf Hitler (s. Hitlergruß) verweigert hätte?

Sodann gibt Paulus darüber Auskunft, welche Bedeutung die Gottessohnschaft für uns Christen hat. In Gal 4 heißt es: *„Gott sandte seinen Sohn, geboren von einer Frau ... damit wir die Sohnschaft empfingen. Weil ihr nun Söhne seid, hat Gott seinen Geist in unsre Herzen gesandt, der da ruft: Abba, lieber Vater! So bist du nun nicht mehr Knecht, sondern Sohn."* Ähnlich heißt es in Römer 8,14: *„Welche der Geist Gottes treibt, die sind Gottes Söhne."* (Luther übersetzt das im Griechischen ursprüngliche Wort „Söhne" mit „Kinder").

Paulus bezieht hier den Sohnestitel nicht exklusiv nur auf die Gestalt Jesu. Der Geist Jesu – die Gemeinschaft mit ihm – lässt uns Christen ebenfalls zu „Söhnen und Töchtern, zu Kindern Gottes" werden. Das Wort „Sohn" bezeichnet hier die Beziehung oder Nähe zu Gott. Jesus hat diese Nähe zwar in einzigartiger Weise gelebt, und diese Nähe ist in ihm in einziger Weise erschienen. Aber prinzipiell und von der Tendenz her ist jeder Mensch, Mann und Frau, durch die Botschaft Jesu berufen, in dieser Nähe zu Gott zu leben – zu ihm *„Abba, lieber Vater!"* zu rufen (Röm 8,15; Gal 4,6).

Als „Söhne" und „Töchter" Gottes haben wir Teil an der Würde Jesu. In ihm empfangen wir die Gewissheit der eigenen Möglichkeit und Kraft. Wir müssen uns nicht vom Machtanspruch anderer Menschen beherrschen lassen; müssen auch nicht aufschauen zum Glanz der Erfolgreichen und Schönen, um am Licht teil zu haben. In der Verbindung zum Gottessohn Jesus tragen wir unser eigenes Licht, unseren eigenen Glanz in uns, auch gerade dann, wenn wir äußerlich schwach, gebrechlich oder arm erscheinen.

Zum andern beinhaltet der Titel „Sohn" die Freiheit von der Vormundschaft durch das Gesetz. Als Söhne, als Töchter sind wir nicht Gottes Knechte, die für die Befolgung des Willens Gottes als Einzelne gesetzlich festgeschriebener Anweisung bedürfen. Als Söhne und Töchter Gottes sind wir frei in der Verantwortung vor Gott. In der Nachfolge Jesu – oder bewegt durch seinen Geist – können wir im Sinne Gottes und im Einverständnis mit seinem Willen handeln. Als Söhne und Töchter Gottes – als freie, vor Gott verantwortliche Menschen – werden wir, wozu wir nach den Worten des Schöpfungsberichtes geschaffen sind: „Gottes Ebenbilder". D.h. wir werden Menschen, die im Sinne Gottes und in der Verantwortung vor ihm schöpferisch für diese Welt und füreinander leben können.

3. Jesus als „Sohn Gottes" in den synoptischen Evangelien

Nach dem Bericht der Evangelien wird Jesus nicht erst mit seiner Auferstehung zum „Sohne Gottes" eingesetzt. Anders als Paulus, der das Bekenntnis zur Gottessohnschaft Jesu als „Wort vom Kreuz" auf den Gekreuzigten und Auferstandenen konzentriert, wird in den Evangelien auch gerade der verkündigende und handelnde Jesus als Sohn Gottes bekannt.

Entsprechend beginnt Markus sein Evangelium mit den Worten: *„Dies ist der Anfang des Evangeliums von Jesus Christus, dem Sohne Gottes"* (Mk 1,1). Die Evangelien wollen also, indem sie von Jesus berichten, die „gute Nachricht" verkünden: Gott ist im Menschen Jesus von Nazareth erschienen und will in seinen Worten und Taten erkannt werden. Bei Markus sind es vor allem zwei Geschichten, in denen Jesus als „Sohn Gottes" in besonderer Weise in Erscheinung tritt. An ihnen zeigt sich, wie der Titel „Gottes Sohn" zu verstehen ist.

Markus erzählt in Kapitel 3 (Mt 3; Lk 3), wie Jesus von Johannes dem Täufer im Jordan getauft wird. Während er aus dem Wasser steigt, sieht Jesus, dass sich der Himmel auftut und der Geist wie eine Taube auf ihn herabkommt. Dazu hört er die Stimme vom Himmel: *„Du bist mein lieber Sohn, an dir habe ich Wohlgefallen"* (Mk 1,11). Mit seiner Taufe wird Jesus zum „Sohn Gottes" berufen. Das Symbol der Taube verdeutlicht, wozu er berufen wird: Er erhält die Vollmacht, Gottes Frieden in die Welt zu tragen.

Zuvor hat Jesus seine Heimatstadt Nazareth, seine Familie, seine Mutter, Geschwister und Verwandten verlassen. Als er später auf seiner Wanderschaft durch Galiläa auch seine Heimatstadt Nazareth besucht, erinnert man sich an ihn als den *Zimmermann*, den Sohn Marias, den Bruder seiner Geschwister (Mk 6,3). Als „Sohn Gottes" ist Jesus ein wirklicher Mensch mit seiner Herkunft aus einer Handwerkerfamilie und aus dem unbekannten Nazareth in Galiläa, einem Ort, von dem man sich fragt, was von dorther schon Gutes kommen kann (Joh 1,46).

In der Geschichte von der „Verklärung Jesu“ (Mk 9,2-13) wird erzählt, wie Jesus mit seinen Jüngern auf einen Berg steigt. Dort verklärt sich seine Gestalt. Jesu Kleider erstrahlen vor den Augen der Jünger in einem hellen Glanz. Und eine Stimme aus einer Wolke spricht zu den Jüngern: *„Das ist mein lieber Sohn; auf den sollt ihr hören“* (Mk 9,7). Deutlicher noch als in der Taufgeschichte kommt hier zum Ausdruck, was mit dem Titel „Sohn Gottes“ in den Evangelien gemeint ist: Er verweist auf die göttliche Autorität Jesu. Auf ihn gilt es zu hören. Seine Verkündigung und sein Handeln haben göttliche Vollmacht.[24]

4. Die Geburtsgeschichten bei Lukas und Matthäus

Das Markusevangelium kennt keine Geburtsgeschichte Jesu. Das Evangelium beginnt mit dem Auftreten Johannes des Täufers und der Taufe Jesu. Wir erfahren nur, dass Jesus aus dem kleinen unbedeutenden Ort Nazareth stammt. Daraus lässt sich schließen, dass die Umstände seiner Geburt ursprünglich unbekannt waren. Erst später bilden sich – wie das auch bei berühmten Männern der Antike geschah – Geschichten (Legenden) von der Geburt. Lukas und Matthäus erzählen solche Geburtsgeschichten. In der Art und Weise, wie sie erzählt werden, weisen sie bereits voraus und nehmen vorweg, was einmal aus diesem Kind werden wird und wozu es bestimmt ist.

Die Geschichte von der Geburt Jesu im Stall zu Bethlehem nach dem Evangelisten Lukas erzählt die Geburt Jesu als Geburt des Christus. Als „Festlegende“ des Weihnachtsfestes wurde sie im Laufe der Frömmigkeitsgeschichte durch festliches Brauchtum und Glanz überhöht. Kaum eine andere Geschichte aus dem Neuen Testament wurde so populär und im Verlaufe

---

[24] Aus der Sicht heutiger Forschung wird besonders durch diese Erzählung erkennbar, wie die Erfahrung und Erkenntnis der Auferstehung Jesu in das Leben Jesu vorverlegt wurde. Jesu „Verklärung“, seine Erscheinung im Lichtglanz, entspricht den „Erscheinungen“, die Petrus und den Jüngern nach der Kreuzigung Jesu widerfahren sind. Und die „Stimme Gottes“ weist auf die Erkenntnis, die die Jünger in der Begegnung mit dem Auferstandenen gewonnen haben.

der Geschichte des Christentums mit so vielen Liedern besungen und in Bildern dargestellt.

Aber entspricht die Art und Weise, wie unser Weihnachtfest die Geburt Jesu feiert, der ursprünglichen Botschaft der Geburtsgeschichte? In vielen Gemälden wird Maria mit einem Heiligenschein dargestellt. Engel umschweben den Stall. Die *„redlichen Hirten"* knien anbetend vor dem Kind. In den meisten der uns vertrauten Weihnachtslieder wird Jesus von Maria als einer Jungfrau geboren. Der Gottessohn *„lächelt lieb aus seinem göttlichen Mund"*. Die Geburt des Sohnes Gottes öffnet das Himmelreich, *„versühnt"* uns mit Gott. Der im Weihnachtsfest sich ausdrückende Glaube ist in vielerlei Hinsicht ein zum Himmel ausgerichteter Glaube: *„Sehet, was hat Gott gegeben: seinen Sohn zum ewgen Leben. Dieser kann und will uns heben aus dem Leid ins Himmelsfreud"* (Paul Gerhardt).

Inwieweit entspricht dieser „Weihnachtsglaube" der Botschaft, die uns die Geburtsgeschichten bei Lukas und Matthäus vermitteln?

Die Geburtsgeschichte des Lukas (Lk 2,1-20) berichtet sehr nüchtern, wie Maria und Joseph sich von ihrer Heimatstadt Nazareth aufgrund der vom Kaiser Augustus veranlassten Steuerschätzung auf den Weg nach Bethlehem machten. Bethlehem war die Stadt, in der einst König David geboren wurde. Aus Bethlehem sollte nach der Verheißung des Propheten Micha auch der erwartete Messias kommen. Und Joseph – als Nachkomme Davids – stammt ursprünglich aus Bethlehem. Deshalb – so der Bericht des Lukas – musste er nach Bethlehem, um sich, wie es die Anordnung des römischen Kaisers vorsah, in seinem ursprünglichen Heimatort *„schätzen"*, d.h. steuerlich veranlagen zu lassen.

Maria war schwanger und erwartete ihr erstes Kind. In Bethlehem fand sie keine Herberge. So brachte Maria ihren ersten Sohn – ja wo eigentlich? – zur Welt. Von einem Stall mit Ochs und Esel ist nicht die Rede. Es heißt nur, dass sie ihr Kind *„in Windeln"* wickelte und in *„eine Krippe"* bettete, weil *„sie keinen Platz in der Herberge fanden"*. Dann lenkt die Erzählung über zu den Hirten auf dem Feld. Man sollte sie sich nicht als *„redliche"* fromme Männer vorstellen, die dann *„betend"* vor der Krippe knien. Nach den damaligen Umständen handelt es sich um Halbnomaden, um Menschen, die zu den Ärmsten der Armen zählten und von der sesshaften Stadtbevölkerung eher gemieden wurden. Gerade sie, diese verachteten Menschen, erfahren die Botschaft des Engels über das Kind, das Maria als ihren *„ersten“* (nicht „eingeborenen“) Sohn zur Welt gebracht hat. Der Titel „Sohn Gottes“ wird hier nicht gebraucht, sondern der Engel verkündet im Sinne der alttestamentlich-jüdischen Messiasverheißung die Ankunft des *Christus* in der Stadt Davids im Zeichen eines Kindes, *„das in Windeln gewickelt, in einer Krippe liegt“.*[25] Der Chor der Engel singt im Anschluss an diese Botschaft: *„Ehre sei Gott in der Höhe und Friede auf* ***Erden*** *und den Menschen ein Wohlgefallen“.* Mit der Geburt des Christus schließt Gott nicht nur den Himmel auf, sondern sendet seinen Frieden auf die Erde in eine friedlose Welt.

Die Hirten fanden Maria und Joseph und das Kind. Sie beteten das Kind nicht an, sondern überbrachten die Botschaft des Engels. Alle, die es hörten, wunderten sich über diese Botschaft. Maria aber *„bewegte die Worte in ihrem Herzen“.* Dass Maria ihren Sohn als Jungfrau zur Welt bringt, ist dem Bericht nicht zu entnehmen. Die Geburtsgeschichte will betonen: Der „Messias“ wird in Bethlehem, in der Stadt geboren wird, aus der der verheißene Messias kommen soll. Die Niedrigkeit seiner Geburt entspricht der Erniedrigung durch den Tod am Kreuz. Der mit der Geburt Jesu angekündigte Messias wird der gekreuzigte Jesus Christus sein. Und wenn ausgerechnet die verachteten Hirten die Engelsbotschaft empfangen dürfen, weist dies auf die spätere Sendung Jesu hin. Er wird das „Evangelium“, die gute Botschaft Gottes, den Armen bringen – denen, die von den Frommen als Sünder verachtet und gemieden wurden.

---

[25] Der Messias, der „Christus“, wird aber nach der Überlieferung nicht von einer Jungfrau geboren, sondern kommt aus dem „Geschlecht“ Davids. Deshalb liegt sowohl Lukas wie Matthäus daran, dass Jesus in Bethlehem, in der Stadt Davids, geboren wird. Dabei setzt Matthäus in seiner Geburtsgeschichte voraus, dass die Eltern Jesu aus Bethlehem stammen und Jesus hier in „einem Haus“, also zu Hause geboren wurde. Bei Lukas hingegen müssen Maria und Joseph wegen des Befehls des Kaisers Augustus den Weg nach Bethlehem machen, und ihr Kind kommt dort in einem Stall zur Welt, weil sie keine Herberge in der Stadt fanden.

In der Geburtsgeschichte bei Matthäus (Mt 2,1-11) entdecken sternenkundige Weise aus dem Morgenland einen besonderen Stern. Er kündigt ihnen die Geburt eines Königs an. So ziehen sie nach Jerusalem in die Königsstadt, um sich am Hof des Königs Herodes nach dem neugeborenen „König der Juden" zu erkundigen. Herodes weiß von keinem neugeborenen Königskind. Er befragt seine Schriftgelehrten. Der Ort, aus dem der verheißene Messias kommen soll, ist die Stadt Bethlehem. Aus ihr soll nach den Worten des Propheten Micha der *„König"* kommen, der das Volk Israel *„weiden"* wird. So werden die Weisen nach Bethlehem geschickt, um dort nach dem Kind zu suchen. Sie sollen dem König Herodes Bescheid geben, wo sie das Kind gefunden haben, damit auch er ihm huldigen kann. In Wirklichkeit aber will Herodes das Kind umbringen lassen.

Der Stern zieht vor den Sterndeutern her und führt sie an den Ort in Bethlehem, wo sie das Kind finden können. Von einem Stall und einer Krippe berichtet Matthäus nichts. Sondern die Sterndeuter gehen *„in das Haus"*, über dem der Stern steht, und finden das Kind mit Maria seiner Mutter. Sie fallen vor dem Kind nieder, sie beten es an und beschenken es mit ihren mitgebrachten Schätzen. Sie huldigen ihm wie einem Königssohn.

In dieser Geschichte sind Maria und Joseph nicht aus Nazareth wegen der vom römischen Kaiser verordneten Steuerschätzung nach Bethlehem gekommen, sondern hier ist es umgekehrt: Bethlehem ist ihre ursprüngliche Heimatstadt. Das Kind kommt in einem Haus zur Welt. Vor den Schergen des Herodes fliehen sie nach Ägypten. Nach dem Tod des Herodes kehren sie nicht nach Bethlehem zurück, weil ihnen ihre alte Heimat zu unsicher erscheint. So ziehen sie hinauf nach Nazareth. Damit wird die Geschichte einerseits der Weissagung gerecht, wonach der Messias aus Bethlehem kommt und zum andern „Nazaräer" genannt werden wird (V. 23), d.h. seiner Herkunft nach aus Nazareth stammt.

Der Akzent dieser Geschichte liegt nicht so sehr auf den ärmlichen und niedrigen Umständen der Geburt Jesu. Sondern thematisch im Vordergrund steht die Gefahr, die dem Kind durch die Gewaltbereitschaft des Königs Herodes droht. Die Botschaft von der Geburt des Messias lässt ihn um seinen Machtanspruch fürchten. Deshalb will er das Kind umbringen lassen und veranlasst, weil er keine Nachricht von den Weisen bekommen hat, den so genannten „Kindermord“ zu Bethlehem. Alle Knaben im geschätzten Alter des Jesuskindes werden von römischen Soldaten umgebracht. Die Geschichte sieht voraus, wie sehr sich die Mächtigen durch das Leben und die Verkündigung Jesu herausgefordert sehen. Sie weist hin auf die Kreuzigung Jesu unter Pontius Pilatus.

5. Die Geschichten von der Ankündigung der Geburt Jesu

Den Geburtsgeschichten bei Matthäus und Lukas vorgeschaltet sind die Geschichten von der Ankündigung der Geburt Jesu. In ihnen nun allerdings wird angekündigt, dass Maria als „Jungfrau“[26] den Christus bzw. Gottessohn gebären wird.

Lk 1,26-38 erhält Maria Besuch vom Engel Gabriel. Er kündigt ihr die Schwangerschaft und Geburt eines Sohnes an. Ihr Kind wird *„Sohn des Höchsten genannt werden“*. Er wird *„König sein über das Haus Jakob in Ewigkeit“*.

Auf die Frage Marias, wie denn das geschehen soll, da sie doch „von keinem Manne weiß“, erhält sie zur Antwort: *„Der Heilige Geist wird über dich kommen, und die Kraft des Höchsten wird dich beschatten. Darum wird auch das Heilige, das geboren wird, Gottes Sohn genannt werden.“*

Bei Matthäus ist es Joseph, der durch den „Engel des Herrn“ über die Art der Schwangerschaft Marias aufgeklärt wird. Ehe Joseph Maria *„heimholen“* (heiraten) will, entdeckt er, dass seine „Frau“ schwanger ist. Weil *„er sie* (oder sich?) *nicht in Schande bringen wollte, gedachte er, sie heimlich zu verlassen“*. Da nun erscheint ihm der Engel im Traum und spricht zu ihm: *„Joseph, du Sohn Davids, fürchte dich nicht, Maria deine Frau zu dir zu nehmen; denn was sie empfangen hat, ist von dem heiligen Geist. Sie wird einen Sohn gebären, dem sollst du den Namen Jesus geben, denn er wird sein Volk retten von ihren Sünden.“* Matthäus fügt dann ein Zitat aus Jesaja 7,14 an, in

---

[26] Bei Lukas wird sie mit dem griechischen Begriff „partenos“ als Jungfrau vorgestellt, während sie bei Matthäus als „gynä“, als „Frau“ des Joseph, bezeichnet wird.

dem der Prophet verheißt: *„Eine Jungfrau wird schwanger und einen Sohn gebären“.* [27]

Anders als bei Lukas dient ihm die „Jungfrauengeburt“ als Weissagungsbeweis: Die Verheißung des Retters Israels wird sich in der Geburt dieses Kindes erfüllen.

Bezieht man sich auf das Gesamtzeugnis des Neuen Testaments, so erscheint die Vorstellung der Jungfrauengeburt nur in diesen beiden Ankündigungsgeschichten.

Mit der Ausbreitung des frühen Christentums im hellenistisch-orientalischen Bereich wurde die Jungfrauengeburt ein wichtiger Bekenntnissatz im Glaubensbekenntnis. Später wurde sie zum Dogma der Kirche erklärt. In der religiösen Umwelt des Hellenismus war die die Vorstellung von der Jungfrauengeburt im Glauben an den Gottessohn fest verankert. Damit sollte die göttliche Autorität Jesu herausgestellt werden. Sie kam außerdem dem Bedürfnis nach kultischer Verehrung nach.

In einer aufgeklärten Welt aber, ohne den dazugehörigen religiösen Hintergrund, gerät die Vorstellung von der „Jungfrauengeburt Jesu“ zu einem unverständlichen Glaubenssatz. Sie versperrt eher den Blick auf die Heilsbedeutung Jesu in unserer Zeit, als dass sie diese verständlich macht und zum Glauben an Jesus Christus führt.

Vor allem: Die aus der Vorstellung einer Jungfrauengeburt hervorgegangene Lehre von „der unbefleckten Empfängnis“ Marias, wonach das „Heilige“ – der Heilsbringer – nur durch geisthafte asexuelle Zeugung empfangen werden konnte, wertet die natürliche Vereinigung von Mann und Frau als „Sünde“, als „Entfernung“ von Gott ab. Nach dem Schöpfungsbericht 1Mose 2 aber ist sie als gute Gabe des Schöpfers zu verstehen. Diese Abwertung der Sexualität als etwas „Unheiliges“ und die Verehrung der Jungfrau Maria als „Gottesmutter“ und „Himmelskönigin“ hat für Jahrhunderte das Frauenbild in der christlichen

[27] Exegeten sind sich nicht einig, ob im alttestamentlichen Text von einer „Jungfrau“ oder einer „jungen Frau“ die Rede ist. Beide Übersetzungen sind möglich. Die Weissagung ist bei Jesaja nicht als Verheißung des Messias zu verstehen, sondern soll ein Zeichen für König Ahas sein, dass die Bedrohung durch seine Feinde ein baldiges Ende haben wird.

Kirche mitgeprägt und die Sexualität mit dem Makel des Sündigen behaftet. Dies sind Gründe genug, die antike Vorstellung von der Jungfrauengeburt Marias aufzugeben.

6. Jesus, der vom Himmel gekommene „Sohn Gottes“ im Johannesevangelium

Eine besondere Deutung und Ausgestaltung findet der Titel „Gottes Sohn“ in der „Gnosis“, einer Art religiöser Philosophie, die in der griechisch-hellenistischen Welt verbreitet war und auf die frühe christliche Gemeinde einen starken Einfluss ausübte.

Die Grundanschauung dieser „Erkenntnis“ ist der Dualismus von Gut und Böse, von Licht und Finsternis: Hier auf Erden herrscht das Reich der Finsternis – dort im Himmel das Reich des Lichtes. Die Menschen sind gefangen im Reich der Finsternis und bedürfen der Erlösung durch den Gottessohn, der vom Himmel auf die Erde herabkommt. Er befreit ihre Seele aus dem Gefängnis des Leibes und dieser Welt und rettet sie hinüber in das Reich des Lichtes.

Von den Vorstellungen dieses „gnostischen Mythos“ ist die Darstellung des Lebens und der Verkündigung Jesu im Johannesevangelium beeinflusst und sprachlich geprägt.

Das Evangelium beginnt mit einem „Prolog“, der feierlich die Einheit von Gott und „Wort“ zum Ausdruck bringt. Das *„Wort ward Fleisch“*, wird ein Mensch in der Gestalt Jesu von Nazareth.

Jesus war somit als „das Wort” (Logos) von Anfang bei Gott. Als der vom Vater gesandte Sohn erscheint er in der Welt. Er ist in die Welt gekommen, um die Menschen zu retten und ihnen das ewige Leben zu geben, denn: *„So hat Gott die Welt geliebt, dass er seinen eingeborenen Sohn gab, damit alle, die an ihn glauben, nicht verloren werden, sondern das ewige Leben haben“* (3,16). *„Wer an den Sohn glaubt, der hat das ewige Leben“* (3,36).

Betonter und eindeutiger als in den synoptischen Evangelien tritt uns hier das Bekenntnis der Gemeinde entgegen, das mit dem Menschen Jesus Gott erschienen ist. In immer wieder neuen Wendungen wird die Einheit Jesu mit Gott – des „Sohnes“ mit dem „Vater“ – betont. *„Wer mich sieht, der sieht den Vater! ... Die Worte, die ich zu euch rede, die rede ich nicht von mir selbst aus. Der Vater, der in mir wohnt, der tut seine Werke (durch mich)“* (Joh 14,9f).

Das Johannesevangelium braucht daher keine Geburtsgeschichte und keine Erscheinungsgeschichten, die Jesus als Messias und Gottessohn bezeugen. Jesus kommt aus dem unbekannten Ort Nazareth, von dem man sich fragt, was von dort *„Gutes kommen“* kann (Joh 1,46). Konsequenter als die Synoptiker betont Johannes somit die Paradoxie: Das Göttliche (der göttliche Logos) wird „Fleisch“ im Menschen Jesus von Nazareth. Für den, der an Jesus glaubt, wird seine *„Herrlichkeit“* an seinen Werken erkennbar (Joh 1,14).

Wie wird das „Heil“ verstanden, das der Gottessohn Jesus bringt? Nach dem Zeugnis der synoptischen Evangelien verkündet und öffnet Jesus die Zukunft des „Reiches Gottes“.

Paulus versteht das Heil als „Gerechtigkeit vor Gott“, als Vergebung der Sünde, die das Sühnopfer Christi erwirkt.

Anders im Johannesevangelium: Hier wird das Heil Gottes als *„Licht des ewigen (wahren) Lebens“* offenbar, das in die *„Finsternis“* dieser Welt hinein scheint. *„In ihm war das Leben, und das Leben war das Licht der Menschen. Und das Licht scheint in der Finsternis, und die Finsternis hat's nicht ergriffen"* (Joh 1,4-5).

Im Gottessohn Jesus ist das Licht des wahren Lebens erschienen. Wer an ihn glaubt, ist gerettet. Die Menschen aber verweigern sich diesem Licht. Sie verschließen sich der Erkenntnis, dass mit dem Kommen Jesu wahres (ewiges) Leben offenbar wird. Damit richten sie sich selbst. *„Wer an ihn glaubt, der wird nicht gerichtet; wer aber nicht glaubt, der ist schon gerichtet, denn er glaubt nicht an den Namen des eingeborenen Sohnes Gottes“* (3,18). Das Gericht geschieht somit nicht – wie in der apokalyptischen Tradition – am Ende der Zeit als kosmisches Strafgericht, sondern schon jetzt, indem sich die Geister an der Gestalt Jesu scheiden.

Wie aber lässt sich genauer sagen, was mit den Begriffen *„Licht“* und *„Finsternis“* gemeint ist? Wie lässt sich das *„Le-*

ben" beschreiben, das Jesus offenbart und bringt? Wie unterscheidet es sich vom Leben *„in der Finsternis"*?

In den Selbstaussagen Jesu, in den so genannten „Ich bin-Worten", deutet sich an, was wir empfangen und was mit dem Leben im Licht gemeint ist.

Der johanneische Jesus sagt: *„Ich bin das Brot des Lebens. Wer zu mir kommt, wird nicht mehr hungern, und wer an mich glaubt, wird nicht mehr dürsten"* (Joh 6,35).

Übertragen auf unsere heutige Welt zielt dieses Wort auf unseren Lebenshunger. Zum Leben brauchen wir das tägliche Brot und Güter, die unser Leben sichern und gestalten. Die Frage ist, welchen Rang diese materiellen Güter in unserem Leben einnehmen. Brauchen wir sie, um unseren Lebenshunger, unser Bedürfnis nach Glück und Anerkennung zu stillen? Wollen wir uns mit unserem Besitz darstellen, um größer und besser als andere zu sein? Bereichern wir uns dabei auf Kosten der Schwächeren und Ärmeren? Als Menschen, die in der „Macht der Finsternis" gefangen sind, müssen wir immer mehr haben, immer größer werden und immer schneller vorankommen. Der Machthunger und die „Gier" nach dem großen Geld treibt nicht nur die Schwächeren in die Armut, sondern beutet auch die Schätze der Natur aus und gefährdet zunehmend die Lebensgrundlage aller Menschen. Der Lebenshunger nach materiellen Gütern, nach Ansehen und Macht ist nie wirklich gestillt.

Mit der Erkenntnis der Wahrheit Jesu hingegen empfangen wir ein „Lebensbrot", das uns nicht mehr „hungern" und „dürsten" lässt. Wir können es „genug" sein lassen. Wir können uns mit dem zufrieden geben, was wir wirklich zum Leben benötigen.

Jesus sagt: *„Ich bin der Weg und die Wahrheit und das Leben; niemand kommt zum Vater denn durch mich"* (Joh 14,6). Wer Jesus nachfolgt, findet eine neue Orientierung für seinen Lebensweg. Er erkennt die Wahrheit seines Lebens. Er erkennt, wofür er leben kann und worin der Sinn seines Lebens begründet ist. Er gelangt zur wahren Erkenntnis Gottes – zur Erkenntnis dessen, worauf man letztlich hoffen und sich verlassen kann.

Jesus sagt: *„Ich bin der Weinstock, ihr seid die Reben. Wer in mir bleibt und ich in ihm, der bringt viel Frucht. Ohne mich könnt ihr nichts tun"* (Joh 15,5). Wer der Wahrheit Jesu folgt, wird sein Leben nicht nur für sich, für die eigenen Bedürfnisse leben. Sondern sein Leben wird *„Früchte"* bringen. Er ist wie eine Rebe an einem Weinstock, die ihre Kraft und Frucht aus dem Weinstock empfängt.

Und fragt man, wie diese Frucht des Lebens aussieht, wie sie zu erkennen ist, antwortet Jesus mit dem Liebesgebot: *„Ein neues Gebot gebe ich euch, dass ihr euch untereinander liebt, wie ich euch geliebt habe"* (Joh 13,34; 15,12).

Im Miteinander und Füreinander wird unser Lebenshunger gestillt. Aus einem Leben, das nur um sich selbst, nur um die eigenen Bedürfnisse und Machtinteressen kreist, wird ein Leben in der Liebe. Wir können für andere da sein. Die Liebe bedarf keiner „Belohnung im Himmel", denn sie trägt ihren Lohn in sich. Das Leben nach dem Liebesgebot Jesu ist erfülltes Leben. In ihm haben wir schon jetzt Teil am ewigen Leben Gottes. *„Wer den Sohn hat, der hat das Leben"* (1Joh 5,12).

Jesus sagt: *„Ich bin die Auferstehung und das Leben, wer an mich glaubt, wird leben, auch wenn er stirbt"* (Joh 11,25). Wer an Jesus glaubt, hat Teil an der Auferstehung Jesu. In ihm ist die Todesangst überwunden. Wir müssen uns nicht an das jetzige Leben in seiner Vergänglichkeit klammern, müssen nicht festhalten an jugendlicher Kraft und Schönheit, müssen nicht um jeden Preis immer länger leben wollen. Sondern wir können gelassen unserer Vergänglichkeit und dem eigenen Sterben entgegengehen. In der Nachfolge Jesu können wir unser Leben im Sinne seiner Liebe einsetzen und sogar verlieren. Denn: *„Wenn das Weizenkorn nicht in die Erde fällt und stirbt, bleibt es allein; wenn es aber stirbt, bringt es viel Frucht"* (Joh 12,24).

Und schließlich: Das Werk Jesu ist nicht auf seine Person begrenzt. Das Werk Jesu setzt sich fort im Glauben, im Leben und Handeln der Seinen. *„Wer mir dienen will, der folge mir nach; und wo ich bin, da soll mein Diener auch sein"* (Joh 12,26). Wer an Jesus glaubt, wird die Werke auch tun, die Jesus getan hat, *„und er wird noch größere als diese tun"* (Joh 14,12).

Dem entspricht in der Auferstehungsgeschichte (Joh 20,19-23), wie der Auferstandene die Jünger in die Welt sendet. *„So wie mich mein Vater gesandt hat, so sende ich euch!"*

Jesus hat seine Sendung nicht in eindeutige Regeln oder Handlungsanweisungen (Gesetze) gefasst. Was es heißt, Jesus und seinem Liebesgebot zu folgen, bedarf der immer wieder neuen Erkenntnis.

Diese Erkenntnis wird durch den „Heiligen Geist" vermittelt. Er wird im Johannesevangelium der „Tröster" genannt, den die Jünger nach dem Fortgang Jesu empfangen werden. Gott, der Vater, wird ihn senden. Er wird die Jünger *„alles lehren und an alles erinnern"*, was Jesus ihnen gesagt hat (Joh 16,13).

Die Erkenntnis Jesu ist somit ein fortgesetzter und sich erneuernder Prozess. Wer Jesus für uns ist, will immer wieder neu erkannt, verstanden und durch Wort und Tat bezeugt werden.

Wie Johannes in seinem Evangelium die Gestalt Jesu darstellt und mit welchen Mitteln er sie interpretiert, ist ein Schritt in dieser fortschreitenden Erkenntnis der Sache Jesu.

Die Erwartung und Verkündigung des nahen, zukünftigen Reiches Gottes gemäß der messianischen Tradition des Judentums wird hier in die Welt des Hellenismus übertragen. Im Vielvölkerstaat des römischen Großreiches konnte die Bedeutung Jesu als „Messias" kaum verstanden werden. Sie bedurfte einer neuen Erkenntnis und einer neuen Sprache. In der Sprache der damals herrschenden gnostische Mythologie, mit Hilfe ihrer „Erkenntnis", wird im Johannesevangelium das Heil Jesu verkündet.

Zu fragen ist allerdings, wie sich in der weiteren Frömmigkeitsgeschichte die gnostische Mythologie ausgewirkt hat. Sie hat zweifellos zu einem individualistischen Heilsverständnis beigetragen. Der Glaube wird danach ein „Werk" oder Mittel, die eigene Seele zu retten. Die Welt, in der man lebt, wird belanglos. Als „Kinder des Lichtes", als die schon „Geretteten" oder „Erlösten" ziehen sich die Gläubigen aus dieser Welt zurück. Entsprechend verwandelt sich „die Gabe des ewigen Lebens" in die alleinige Hoffnung auf ein jenseitiges, außerweltliches Leben. Sie verheißt den Ausgleich für das in dieser Welt erlittene Unrecht. Das jenseitige „Paradies" mit allem, was an Freude oder Schönheit vorstellbar ist, steht dem „Jammertal" dieser Welt, an dem nichts zu ändern ist, gegenüber.

Somit hat das gnostische Heilsverständnis zu einer Abkehr von der Welt und zur Entweltlichung des Glaubens beigetragen

und tut es auch heute noch. Und der Entweltlichung des Glaubens entspricht, wie die gnostische Mythologie Jesus als den „vom Himmel" herabgestiegenen Gottessohn vorstellt. Diese Vorstellung wurde vom so genannten „nizänischen" Glaubensbekenntnis aufgenommen. An besonderen Feiertagen wird es in unseren Gottesdiensten von der Gemeinde gesprochen wird.
Darin bekennen wir unseren Glauben *„an den einen Herren Jesus Christus, Gottes eingeborenen Sohn, aus dem Vater geboren vor aller Zeit: Gott von Gott, Licht vom Licht, wahrer Gott vom wahren Gott, gezeugt nicht geschaffen, eines Wesens mit dem Vater; durch ihn ist alles geschaffen. Für uns Menschen und zu unserem Heil ist er vom Himmel gekommen, hat Fleisch angenommen durch den Heiligen Geist von der Jungfrau Maria und ist Mensch geworden."*

Mit diesem Bekenntnis wird Jesus als der „eingeborene" (einzige) Gottessohn ausgezeichnet. Er ist präexistent – „vor aller Zeit" aus Gott geboren. Jesus wird hier als Gottessohn zu einem göttlichen Himmelswesen erhöht. Zumal in der Verbindung mit dem Bekenntnis zur Jungfrauengeburt entsteht somit eine große Distanz zwischen uns Menschen und dem Gottessohn. Er ist nicht von dieser Welt. Er steht hoch über uns Menschen. Er ist erhoben zu einer Gestalt, die es im Gottesdienst zu verehren, anzubeten und um Beistand anzurufen gilt.

Lässt sich aber die Gottessohnschaft Jesu auch ohne diese mythologische Überhöhung verstehen?

Der Sinn dieser mythischen Sprache ist: In der Gestalt Jesu kommt Gott uns nahe. Durch ihn sind wir oder werden wir mit Gott verbunden. Aber was bedeutet diese Verbindung? Wie und wodurch geschieht sie?

7. Jesu „Gottessohnschaft" – der Glaube Jesu

Mit dieser Frage gilt es, noch einmal zum irdischen Jesus zurückzukehren, wie er uns durch die synoptischen Evangelien bezeugt wird.

Nach diesem Zeugnis hat Jesus selbst den Titel „Sohn Gottes" für sich nicht in Anspruch genommen. In seinem Glauben allerdings wusste er sich Gott so nahe, wie ein Sohn seinem Vater. Er vertraute ihm, wie ein Sohn seinem Vater vertraut. Und er lebte nach dem Willen Gottes, wie ein Sohn den Willen des Vaters kennt und erfüllt.

Seine Nähe zu Gott bzw. sein Leben aus dem Willen Gottes behielt Jesus dabei nicht für sich. Sondern er teilte seinen Glauben mit denen, die ihm folgten. Aus ihrem „Kleinglauben“, aus ihrer Gottesferne, wollte er sie hinausführen und zu Menschen machen, die fähig waren, in seinem Sinne zu leben.

Vor diesem Hintergrund verstehen wir, wie Jesus seine ersten Jünger beruft. Jesus kommt an den See Genezareth. Hier trifft er einige Fischer. Sie sind dabei, ihre Netze zu flicken und ins Wasser zu werfen. Er geht auf sie zu und fordert sie auf: *„Folgt mir nach, ich will euch zu Menschenfischern machen. Sogleich verließen sie ihre Netze und folgten ihm nach“* (Mk 1,17.18 par). Jesus will seine „Gottessohnschaft“ weitergeben. Dazu braucht er keine besonders religiös begabten Menschen. Sondern er ruft einfache Menschen, Fischer, mitten aus ihrer Arbeit heraus. Sie sollen ihm nachfolgen. Sie sollen *„Menschenfischer“* werden. D.h. sie sollen, wie er selbst, Menschen die Nähe Gottes verkünden und bringen. Aber dazu müssen sie vom Glauben Jesu lernen. Sie müssen – sozusagen – bei ihm in die „Schule“ gehen.

Während Matthäus und Markus nur berichten, dass Jesus sie anspricht und sie in seine Nachfolge beruft, verbindet Lukas diese Berufungsgeschichte mit der Erzählung vom wunderbaren Fischzug des Petrus (Lk 5,1-11). Hier fordert Jesus die Fischer auf, in ihr Boot zu steigen und auf den See hinauszufahren. In der Mitte des Sees sollen sie ihre Netze auswerfen. Der Fischer Simon wendet ein, dass dies jetzt am hellen Tag keinen Sinn mache, zumal man die ganze Nacht vergeblich gefischt habe. Aber gegen alle Berufserfahrung folgen sie dem Wort Jesu. Und gegen alle Wahrscheinlichkeit gelingt ihnen ein so großer Fang, dass die Netze zu reißen drohen und sie Mühe haben, den Fang an Land zu bringen.

Diese Geschichte will sagen: Glaube, wie Jesus ihn vermittelt, ist Glaube gegen den Augenschein der Erfahrung. Die Jünger werden ermutigt, das Unwahrscheinliche zu tun, und damit entmutigende Erfahrungen hinter sich zu lassen.

Eine weitere Schule des Glaubens ist die Geschichte von der „Sturmstillung“ (Mk 4,35-41 par): Jesus fährt mit seinen Jüngern in einem Boot über den See Genezareth. Plötzlich bricht ein starker Wirbelsturm los, der das Boot in die Tiefe zu reißen droht. Die Jünger sind hilflos. Sie fürchten um ihr Leben. Jesus aber liegt im Boot und schläft inmitten des tosenden Unwetters. Wie kann er inmitten des tosenden Sturms schlafen? Warum fürchtet er sich nicht in der Todesgefahr? Die Jünger wecken Jesus und fragen ihn, warum er keinen Anteil an ihrer Angst habe. Jesus erhebt sich und fragt die Jünger zurück: *„Warum seid ihr so furchtsam? Habt ihr noch keinen Glauben?“* Dann bedroht er Sturm und Wellen und bringt sie zum Schweigen.

Glaube ist hier das unbedingte Vertrauen zu Gott. Jesus kann inmitten des Sturms und der Wellen schlafen, weil er sich letztlich geboren und getragen weiß.[28] Jesus ruht in seinem Glauben. Gleichzeitig erweist sich Jesu Glaube als Kraft, als Macht, die Sturm und Wellen zu bändigen vermag. Die Frage, ob und wie Jesus so ein Naturwunder vollbracht hat, geht am Sinn der Geschichte vorbei. Sie will keine Reportage sein, sonder sie will Jesu Glaube als Kraft darstellen und verkündigen. Diese Kraft kommt aus der Ruhe seines Vertrauens in Gottes Nähe. Sie lässt ihn in der Todesgefahr bestehen. Sie überwindet die Angst. Auch die Jünger sollen in solchem Glauben leben und durch ihn ihre Angst überwinden. Deshalb die tadelnde Frage Jesu an seine Jünger: *„Warum seid ihr so furchtsam? Habt ihr noch keinen Glauben?“*

Glaube als unbedingtes Vertrauen in die bergende Nähe Gottes bewährt sich auch und vor allem, wenn Menschen sich um die Versorgung ihres Lebens und um ihre Zukunft Sorgen machen. Die Jünger sollen lernen, „sorglos“ zu leben. *„Sorgt nicht um euer Leben, was ihr essen und trinken werdet; auch nicht um*

---

[28] In der Emmauskirche in Wilhelmsburg, in der ich fast 20 Jahre lang zu predigen hatte, hängt ein Wandteppich, der die Geschichte von der Sturmstillung Jesu darstellt. Im Mittelpunkt des Bildes steht nicht der Jesus, der Sturm und Wellen gebietet, sondern der schlafende, in seinem Glauben ruhende Jesus wird gezeigt. Die Welle unterhalb des Bootes ist als Hand zu erkennen, die das Boot schützt und trägt.

euren Leib, was ihr anziehen werdet. Ist nicht das Leben mehr als die Nahrung und der Leib mehr als die Kleidung?" (Mt 6,25)

Vorbilder eines solch vertrauensvollen Lebens sind die Vögel am Himmel. Sie müssen sich nicht um ihre Nahrung sorgen, sie müssen nicht säen oder ernten. Sie finden immer etwas, was sie ernährt. Oder die Lilien auf dem Felde – sie müssen sich nicht um ihre Kleidung sorgen. Dennoch sind sie schöner gekleidet als König Salomo in all seiner Pracht. *„Darum sorgt nicht für morgen, denn der morgige Tag wird für das Seine sorgen. Es ist genug, dass jeder Tag seine eigene Plage hat"* (Mt 6, 25-34).

Können wir so sorglos leben? Die provozierende Sorglosigkeit Jesu zielt ab auf unsere Angst vor der Zukunft. Die Angst macht uns eng und versperrt uns den Blick auf das, was der morgige Tag an neuen Möglichkeiten bereithält. Im Vertrauen auf Gottes Nähe können wir es damit genug sein lassen, uns um das nahe Liegende zu kümmern. Wir bekommen den Blick frei für das Wesentliche: für die Zukunft und für seine Gerechtigkeit, die Gott herbeiführen will. Darum: *„Trachtet zuerst nach dem Reich Gottes und seiner Gerechtigkeit, so wird euch das alles* (worum ihr euch sorgt) *zufallen"* (Mt 6,33).

Dieser Glaube, dieses Vertrauen in Gottes Nähe, kann Wunder vollbringen.

Zunächst erweist sich diese Kraft des Glaubens in den Geschichten, die von Jesu Heilungswundern berichten. Jesus vermochte, Lahme, Blinde, Aussätzige gesund zu machen. Auch hier spielt nicht sosehr das Mirakelhafte seiner Taten die entscheidende Rolle oder das Verständnis, wonach Jesus als Wunderheiler tätig war. Jesus weckte vielmehr die Kraft des Glaubens in den Menschen, die geheilt werden wollten. *„Willst du gesund werden?"* – diese Frage wird in einigen Heilungsgeschichten gestellt. Und dem Geheilten kann er sagen: *„Gehe hin, dein Glaube hat dir geholfen"* (Mk 5,34).

In diesem Sinne preist Jesus den Glauben von Menschen, die vom Standpunkt der Frommen aus eigentlich keine „Gläubigen" sind. Den römischen (heidnischen) Hauptmann aus der Stadt Kapernaum, der Jesus zutraut, seinen Knecht zu heilen, indem er *„nur ein Wort"* spricht, lobt Jesus: *„Solchen Glauben habe ich in Israel bei keinem gefunden ... Dir geschehe, wie du geglaubt hast"* (Mt 8,10.13).

In der Geschichte von der Begegnung Jesu mit einer kanaanäischen Frau (Mk 7,24-30; Mt 15,21-28) überwindet der Glaube dieser Frau sogar die Grenzen, in denen Jesus selbst befangen ist. Die Frau gehörte nicht zum Volk Israel. Sie war eine Kanaanäerin. Heute wäre sie eine Palästinenserin. Sie bat Jesus um die Heilung ihrer Tochter. Zunächst weist Jesus sie ab, weil er sich nur zu den *„verlorenen Schafen des Hauses Israels"* gesandt weiß. *„Es ist nicht recht, dass man den Kindern ihr Brot nehme und werfe es vor die Hunde"*. Aber die Frau lässt nicht locker: *„Ja, Herr; aber doch fressen die Hunde die Brosamen, die von der Herren Tische fallen."* Durch diese Worte, durch die Kraft des Glaubens dieser Frau, lässt Jesus sich überzeugen: *„Frau, dein Glaube ist groß. Dir geschehe, wie du willst."* Ihre Tochter – so die Geschichte – wurde zur selben Stunde gesund.

Auch seine Jünger konnten und sollten an der heilenden Kraft, die dem Glauben entspringt, teilhaben. Als die Jünger fragten, warum sie einen mondsüchtigen Jungen nicht heilen konnten, antwortete ihnen Jesus *„Wegen eures Kleinglaubens! Wenn ihr aber Glauben habt wie ein Senfkorn, so könnt ihr zu diesem Berg sagen: Heb dich dort hin!, so wird er sich heben; und euch wird nichts unmöglich sein* (Mt 17,19-20).

Entsprechend berichten die Evangelien, wie Jesus seine Jünger aussendet und ihnen Macht über die „unreinen Geister" gibt. Und es heißt dann weiter: *„Und sie zogen aus und predigten die Umkehr, und trieben viele böse Geister aus, salbten viele Kranke und machten sie gesund"* (Mk 6,12-13 par).

Wenn Jesus den Glauben als Kraft preist, der *„Berge versetzen"* kann, dann ist dies vor allem im Hinblick auf seine Verkündigung des nahen Reich Gottes zu verstehen. Der Glaube Jesu zeigt sich hier als Hoffnung: Gottes Reich, seine Gerechtigkeit und sein Friede werden sich durchsetzen gegen alle Widerstände, gegen allen Augenschein. Der „Berg" wäre das unüberwindbar scheinende Hindernis, das sich den Bemühungen um Gerechtigkeit und Frieden entgegenstellt! Im Glauben, im Vertrauen auf das, was die Zukunft Gottes bringen kann und bringen wird, können solche Berge „versetzt“, d.h. überwunden werden. An die Stelle der Angst, die uns die Zukunft als Folge unseres verfehlten Handelns, als Folge unserer Gewinnsucht bedrohlich vor Augen führt, tritt die Hoffnung. Sie bewirkt Schritte, die Frieden und Gerechtigkeit im Angesicht der drohenden Gefahren ermöglichen.

Die Jünger, die in dieser Weise den *„Willen Gottes tun“*, nennt Jesus Schwestern und Brüder. Sie leben und handeln – wie er – im Vertrauen auf Gottes Nähe (Mk 3,31-35). Menschen, die Wege des Friedens suchen und diese Wege eröffnen gegen alle Widerstände, werden *„Gottes Söhne heißen“* (Mt 5,9). Wer seine *„Feinde lieben“* und für seine *„Verfolger beten“* kann, wird Sohn (oder Tochter) *„unseres Vaters im Himmel“* sein (Mt 5,45). Wie Jesus empfangen sie ihre Kraft und Zuversicht aus dem Vertrauen zu Gott. Wie Jesus folgen sie dem Willen Gottes und wirken an Gottes Stelle. Jesus ist hier nicht der jenseitige, überirdische Gottessohn, sondern der „Bruder“ an ihrer, an unserer Seite. In der Nachfolge seines Weges werden wir zu seinen Brüdern und Schwestern, werden wir selber Söhne und Töchter Gottes. An uns wird erfahrbar, oder soll erfahrbar werden, wie Gott es mit der Welt meint, wie Gott Frieden wirkt, wie Gott Versöhnung auch gerade zwischen verfeindeten Menschen oder Völkern will und schafft.

8. Das Gebet als Quelle der „Gottessohnschaft“

Schließlich sei die Frage gestellt, wie wir der Nähe Gottes gewiss werden können? Wie gelangen wir hinein in den Glauben, in die bergende Nähe Gottes? Wie wird unser Glaube eine Kraft, die unmöglich Erscheinendes zu vollbringen vermag?

Als Antwort auf solche Fragen, werden wir auf das Gebet verwiesen.

Normalerweise verstehen wir das Gebet als Bitte in der Not. „Not lehrt beten!“ Wir bitten um Schutz vor Gefahren, um Hilfe bei Krankheit oder anderen Notsituationen.

Von Jesus wird berichtet, wie er sich zum Beten in die Einsamkeit zurückzog. Er stieg allein auf einen hohen Berg und blieb dort über Nacht, um zu beten (Mk 1,35; Lk 6,12). Jesu Beten hat hier nicht sosehr den Sinn, Gott „um etwas“ zu bitten.

Sondern im Gebet erfährt er Gottes Nahesein. Das Gebet wird ihm zur Quelle seines Vertrauens in Gottes Nähe.

Im Garten Gethsemane vor seiner Gefangennahme bat Jesus, der *„Kelch“* – das Leiden und Sterben, das ihm bevorstand – möge an ihm vorübergehen. Gleichzeitig aber fügte er sich in den Willen Gottes. Gottes Wille sollte an ihm geschehen. Man könnte sagen: Jesus betete sich hinein in diesen Willen. Das Gebet wurde ihm zur Quelle der Kraft, sein Leiden und Sterben anzunehmen und darin zu bestehen. Im Gebet vollzog sich die persönliche, intime Kommunikation zwischen ihm und Gott.

Das Gebet, wozu Jesus seine Jünger auffordert, ist ein beharrliches Suchen, ein Ringen um Gottes Nähe. *„Bittet, so wird euch gegeben, suchet, so werdet ihr finden, klopfet an, so wird euch aufgetan”* (Mt 7,7). Um an Gott glauben zu können, müssen (und können) wir ihn nicht beweisen, indem wir ihn als „Lückenbüßer“ in die Lücken unseres Wissens einbauen. Sonder die Verbindung zu Gott geschieht durch das Gebet als Bewegung unseres Herzens. Wir beten uns hinein in das Vertrauen und in die Hoffnung.

Der Betende findet sich nicht mit den gegenwärtigen notvollen Zuständen ab. Er bittet um die Überwindung der Not oder der Ungerechtigkeit und sucht nach dem besseren Weg, nach der neuen Möglichkeit. Er klopft an die Tür seiner Begrenzung oder Gefangenschaft an, damit sie sich öffnet. Er lässt nicht locker.

Die Beharrlichkeit des Bittens wird im Gleichnis von der bittenden Witwe gepriesen. Sie liegt dem hartherzigen, ungerechten Richter so lange mit ihrer Forderung in den Ohren, ihr Recht zu schaffen, bis er nicht umhin kann, ihrer Bitte zu entsprechen: *„Ich will dieser Witwe Recht schaffen, weil sie mir Mühe macht, damit sie nicht zuletzt komme und mir ins Gesicht schlage”* (Lk 18,1-8). Wenn schon der ungerechte Richter sich erweichen lässt, sollte dann nicht Gott auch denen Recht schaffen, die ihn inständig darum bitten?

Das Gebet gehört daher nicht in die Öffentlichkeit. Es soll nicht zur Demonstration der Frömmigkeit missbraucht werden. Es bedarf keiner Gebetsriten oder festgelegter Gebetszeiten – keiner nach außen gekehrten Frömmigkeit. Sondern: *„Wenn du betest, geh in deine Kammer, schließ die Tür zu, und bete zu dei-*

nem Vater, der in das Verborgene sieht.“ Nicht die vielen Worte tun es. *„Gott weiß, wessen wir bedürfen, ehe wir ihn bitten“* (Mt 6,5-8).

Im Gebet also geht es nicht sosehr darum, dieses oder jenes zu erbitten. Sondern im Grunde beten wir um Gottes Nähe, um Gottes Dasein in unserem Leben.

Dass Gott für mich da ist, mich umfängt und seine Hand über mir hält, wird mir zwar durch das Wort der Predigt oder der biblischen Botschaft zugesagt. Und im Glauben sollen wir diese Zusage, dieses Wort annehmen. Aber dieser Glaube bedarf der Praxis, des Vollzuges im Gebet.

Im Gebet üben wir die Gewissheit ein, von Gott umfangen und gehalten zu sein. Durch das Gebet erhält der Glaube seine heilende und Furcht überwindende Kraft.

Wie hätten wir denn im Sinne Jesu zu beten? Im Lukasevangelium bitten die Jünger Jesus darum, sie das Beten zu lehren (Lk 11,1). Jesus antwortet darauf mit dem „Vaterunser“.

Bei Matthäus wird dieses Gebet Jesu abgesetzt vom dem *„Plappern“*, den vielen Worten *„der Heiden“* (Mt 6,7-13).
Das „Vaterunser“ beten wir als „Gebet des Herrn“ in jedem Gottesdienst. Als Bestandteil unserer Liturgie steht es in der Gefahr, ebenfalls zum rein rituellen „Geplapper“ zu werden.

Dagegen wäre es wichtig, meditativ den Worten dieses Gebetes nachzugehen und nachzusinnen. Denn im *Vaterunser-Gebet* hören wir – wie kaum in einem anderen Text der Evangelien – die ursprüngliche Stimme Jesu.

„Unser Vater“ – Mit dieser schlichten Anrede werden wir hinein genommen in das Vertrauen zu Gott, wie Jesus es gelebt hat. Wir empfangen den „Geist des Sohnes“, der uns – mit den Worten des Apostels Paulus – *„Abba, lieber Vater“* rufen lässt (Gal 4,6). Mit dieser Anrede wird Gott nicht als Herrscher verehrt. Nicht die Furcht vor seiner Macht oder Strafe ist das Motiv, sich Gott zuzuwenden. Sondern im Gebet vollzieht sich das Vertrauen, wie es ein Sohn/eine Tochter seinem/ihrem Vater entgegenbringt.

„... im Himmel“ – Gott als Vater ist nicht greifbar, sichtbar oder beweisbar. Er ist fern und nah zugleich. Das Gebet zu ihm streckt sich scheinbar aus in das Nichts, um dennoch Geborgenheit und Nähe zu erfahren. Der Himmel ist zugleich der allum-

fassende Raum. Wir beten zu dem Gott aller Menschen und aller Geschöpfe. Wir beten zu Gott, *„der seine Sonne aufgehen lässt über Böse und Gute und regnen lässt über Gerechte und Ungerechte"* (Mt 5,45).

„Dein Name werde geheiligt" – Gott sei der, der uns heilig ist. Von ihm allein ist letztlich Heil zu erwarten oder zu erbitten. Kein Mensch ist heilig oder als heilig zu verehren. Kein Mensch hat das Recht, sich selbst als Gott zu gebärden und für sich absolute (göttliche) Macht in Anspruch zu nehmen. Im Gebet zu Gott werden wir frei oder sollen wir frei werden von der Machtgläubigkeit, von der Furcht gegenüber den Mächtigen dieser Welt.[29]

„Dein Reich komme!" – Im Vertrauen auf Gott richten wir uns aus auf das Zukünftige. Im Gebet zu Gott sind wir offen für eine Zukunft, die uns und diese Welt erneuert. Wir finden uns nicht mit den gegenwärtigen Machtverhältnissen oder Zuständen ab, unter denen Menschen leiden. Das Gebet, das sich nach der Zukunft Gottes ausstreckt, verleiht Kraft und Mut, schon jetzt für seine Gerechtigkeit und seinen Frieden einzutreten und zu leben.

„Dein Wille geschehe wie im Himmel so auf Erden!" – Wir bitten darum, dass Gottes Wille diese Welt durchdringt und somit auch unseren eigenen Willen erfasst. Gottes Wille soll geschehen, d.h. Gottes Wille soll (von uns) getan werden. Nicht die werden in das Himmelreich kommen, *„die zu mir sagen Herr, Herr, sondern die den Willen meines Vaters im Himmel tun."* (Mt 7,21). Gottes Wille – sein Wille zur Liebe – soll, kann auch unser Wille werden. Die Bitte um Gottes Willen wäre demnach die Bitte darum, zu erkennen und dem folgen zu können, was in einer bestimmten Situation im Sinne Gottes geboten ist. Was ist im Sinne der Liebe zu tun? Inwieweit gilt es, auferlegtes Leiden anzunehmen und zu tragen (Gethsemane)? Gottes Wille schreibt mir nicht vor, was im Einzelnen zu tun ist,

---

[29] Im 146. Psalm heißt es entsprechend: *„Verlasst euch nicht auf Fürsten, sie sind Menschen und können ja nicht helfen"*. Der Mensch ist vergänglich und mit ihm seine Werke und Taten (V. 3 + 4).

sondern er möge mich leiten, meine eigene Entscheidung im Sinne seines Friedens und seiner Liebe zu fällen.[30]

„Unser tägliches Brot gib uns heute!" – Gemeinsam bitten wir um das, was wir zum Leben brauchen. Nicht jeder für sich betet um sein Wohlergehen. Das täglich Notwendige möge gerecht verteilt werden; es möge allen zugute kommen. Mit dem „täglichen Brot" bitten wir um das, was zum Leben heute notwendig und ausreichend ist. Nicht bitten wir um Reichtum, der unser Leben für alle Zukunft sichert (vgl. die Geschichte vom reichen Kornbauern in Lk 12,16-21), sondern darum, dass das zum Lebensunterhalt gegenwärtig Notwendige allen Menschen täglich zugute kommen soll. Und angesichts der von uns Menschen überforderten Erde fügen wir heute hinzu: Auch zukünftigen Generationen möge das zum Leben Notwendige zugute kommen.

„Und vergib uns unsere Schuld, wie auch wir vergeben unseren Schuldigern!" – Wir werden aneinander und vor Gott schuldig. Als Glaubende sind wir nicht die „Guten", sondern bleiben Menschen, die versagen, die ihrem Eigennutz und Eigeninteresse folgen. Im Gebet können wir uns unsere Schuld und unser Versagen eingestehen. Wir müssen uns nicht reinwaschen, indem wir „die anderen" für schuldig erklären. Wir bitten um die Vergebung und öffnen uns damit für einen neuen Anfang.

Was wir für uns selbst erbitten, wünschen und gewähren wir auch unserem Mitmenschen, der an uns schuldig geworden ist. Im Gebet Jesu bitten wir darum, dass der Kreislauf aus Vergehen und Strafe, die wieder zu neuer Schuld führt, außer Kraft gesetzt und überwunden wird.

---

[30] Der Gehorsam gegenüber dem erkannten Willen Gottes kann dazu führen, sich mit den Mächtigen seiner Zeit oder seiner jeweiligen Gruppe zu überwerfen. „Widerstand und Ergebung", dieser Titel der gesammelten Texte, die Dietrich Bonhoeffer in seiner Gefangenschaft geschrieben hat, zeigt auf, wohin dieser Gehorsam gegen Gott führen kann: in den Widerstand gegen die Diktatur des damaligen Naziregimes und in die Ergebung, d.h. in das Einverständnis, auch die Konsequenzen und Folgen dieses Widerstandes tragen zu müssen und zu können.

„Führe uns nicht in Versuchung!" – Welche Versuchung ist gemeint? Orientiert man sich an der Versuchungsgeschichte in Mt 4 und in Gen 3, geht es um die Versuchung durch die Macht. Der Mensch will sich selbst an Gottes Stelle setzen. Er will *„sein wie Gott"*. Kein Mensch ist vor dieser Versuchung gefeit.

Sie kann im frommen Gewand auftreten, wenn wir mit unserem „rechten Glauben" andere Menschen abwerten oder verurteilen. Selbst das Bekenntnis zu Gott kann als Machtmittel zur Unterdrückung anderer Menschen missbraucht werden.

Die Versuchung kann als Selbstgerechtigkeit an uns herantreten, wenn wir uns moralisch über andere erheben und uns zu Richtern über ihr Tun und Leben aufschwingen. Positiv gewendet könnte die Bitte lauten: Hilf uns zur Demut, zur Einsicht in unsere Grenzen und zur Achtung des Mitmenschen in seinem Anderssein und in seiner unverfügbaren eigenen Würde!

„Erlöse uns von dem Bösen!" – Es heißt hier nicht: Erlöse uns von den bösen Menschen! Es geht nicht darum, dass wir selbst als die Guten und die anderen als die Bösen dastehen, die es zu bekämpfen oder zu stigmatisieren gilt. Das Böse ist vielmehr als Macht zu begreifen, die auch gerade uns selbst gefangen hält. Als böse Tat, als Zorn oder Zerstörungswut kann das Böse über uns kommen. Als Neid und Schadenfreude, als Ressentiment und Hass kann es unser Leben vergiften.

Das Böse kann als Radikalismus und Fanatismus auftreten und uns zu Menschen machen, die andere zu einem wie auch immer verstandenen Heil zwingen wollen.

Darum: *„Erlöse uns von dem Bösen!"* – erlöse uns von Hass und Gewaltphantasien. Erlöse uns von dem Wahn, andere auf unseren Weg des Heils zwingen zu wollen.

Denn: *„Dein ist das Reich und die Kraft und die Herrlichkeit – in Ewigkeit. Amen!"*

Als Menschen können wir – auch mit den besten Ideen und dem besten Willen – nicht das Reich Gottes auf Erden errichten. Wo und wann immer versucht wurde oder versucht wird, im Namen Gottes einen „Gottesstaat" auf Erden zu errichten, oder nach einer Heilslehre die klassenlose Gesellschaft zu erzwingen, hat das zur Unterdrückung der Menschen und zu noch größerem Unrecht geführt. Wir sind nicht die Herren oder Macher des Guten. Wir sind nicht die Bringer des Heils, sondern wir wollen in aller Unzulänglichkeit Diener – wenn es gut geht: „Samenkörner“ – seines Reiches sein.

Anders als jedes zeitgebundene Bekenntnis weist uns das *Vaterunser* ein in den Geist Jesu. Es trennt nicht zwischen Rechtgläubigen und Ungläubigen, sondern es verbindet uns Menschen darin, Gott zu suchen, sich nach ihm auszustrecken, seine Nähe zu glauben und auf seine Zukunft zu hoffen.

Im Beten des *Vaterunsers* ist es nicht wichtig, ob ich an die Jungfrauengeburt oder den Sühnopfertod Jesu glaube oder wie ich mir Jesus als Gottes Sohn vorstelle. Wichtig ist, den Geist der Sohnschaft Jesu, den Geist seiner Freiheit und Liebe, den Geist seiner Demut und Würde zu empfangen.

Wichtig ist, sich durch Jesu Worte und Taten zum Reden und zum Handeln im Sinne seiner Liebe und Freiheit „provozieren“ zu lassen.

Nachwort

Der provozierende Christus heute

Der ehemalige Generalsekretär der CDU, Heiner Geißler, geht in seinem Buch *„Was würde Jesus heute sagen?“* der Frage nach, wie Jesu Verkündigung und Handeln als politische Botschaft in unsere Zeit zu übertragen ist.[31]

Als Fazit seines Buches stellt Heiner Geißler fest: In der Botschaft Jesu wird „der Mensch mit seiner in Gott begründeten Würde zum Mittelpunkt des politischen Geschehens“, und er endet mit der Forderung: „Die Botschaft Jesu verlangt die Realisierung in dieser Welt!“

---

[31] Heiner Geißler, Was würde Jesus heute sagen?, rororo-Sachbuch, 2006.

Man wird Heiner Geißler dahingehend ergänzen können, dass sich die Botschaft Jesu in unserer Welt bereits ausbreitet und realisiert. Der Geist Jesu „weht“ in ungezählten Menschen, die sich einsetzen für Freiheit und Gerechtigkeit, die den Machthabern ihrer Länder, ihrem ungerechten und diktatorischen Regiment widerstehen, und die dabei ihre Freiheit und ihr Leben riskieren.

Er „weht“ in Organisationen wie „Amnesty International“, die sich für Menschen einsetzen, die wegen ihres Widerstandes gefangen, gefoltert und gedemütigt werden.

Der Geist Jesu ist gegenwärtig in Hilfsorganisationen, die zur Stelle sind, wenn Menschen durch Hunger oder Naturkatastrophen in Not geraten.

Er zeigt sich in der medizinischen Hilfe über alle Grenzen hinweg, wie es die Organisation „Ärzte ohne Grenzen“ tut.

Er ist gegenwärtig in der weltweiten Frauenbewegung, die für die Gleichberechtigung und Gleichstellung der Frauen in aller Welt kämpft.

Nicht zuletzt werden wir dankbar erkennen, dass die demokratischen Rechte, die Freiheit der Rede und die Achtung der Rechte in unserem Land der Wirkungsgeschichte des Evangeliums zu verdanken sind. Aber diese Wirkungsgeschichte zeigt leider auch, dass Freiheit und Gleichberechtigung, dass demokratische Rechte und auch die Menschenrechte sich gegen den Widerstand der Kirchen, gegen klerikale Bevormundung und gegen eine Kirche durchsetzen mussten, die ein hierarchisches, ständisches Gesellschaftssystem mit einer so genannten „Schöpfungsordnung“ sanktionierte.

Deshalb, so muss man Heiner Geisler ergänzen, verlangt die Botschaft Jesu auch „die Realisierung“ in unserer Kirche und in unseren Gemeinden. Auch und gerade die Kirchen und Gemeinden sollten als „Leib Christi“ vom Geist Jesu, der die Welt verändert, durchdrungen und getragen sein.

Warum aber sind sie das oft so wenig? Wie kommt es, dass Gemeinden sich in sich selbst zurückziehen und sich selbst genügen? Woran liegt es, dass Christen oft einseitig auf das eigene Seelenheil bedacht sind und Glaube auf die Pflege eigener „Spiritualität“ reduziert wird? Womit hängt es zusammen, dass unsere Kirchen und Gemeinden eher an Traditionen festhalten, eher auf den Erhalt bestehender Ordnung aus sind, anstatt Hoffnungsträger der Zukunft Gottes für diese Welt zu sein?

Ich denke, wie wir als Christen unseren Glauben leben, wie wir uns als Gemeinden und Kirche in unserer Welt darstellen, hängt entscheidend davon ab, welches Heilsverständnis wir mit der Gestalt Jesu verbinden. Wie verkünden wir Jesus als den *„Christus"*, als *„Gottes Sohn"*? Wie verstehen und leben wir unseren Glauben an sein Heil?

Heilsverständnis und Frömmigkeit werden stark durch unsere Gottesdienste geprägt.

Hier ergeben sich Fragen an Liturgie und Ordnung, an die Lieder, die wir in unseren Gottesdiensten singen, und nicht zuletzt ist natürlich auch das *Wie* unserer Predigt zu hinterfragen.

Abgesehen davon, darf der Gottesdienst nicht nur die Erbauung der Gottesdienstbesucher zum Ziel haben. Vielmehr sollte er ebenso dem „Aufbau" der Gemeinde dienen, die sich als „Dienstgemeinschaft" versteht. Er sollte Menschen in der Kraft des Glaubens stärken und sie gleichzeitig dazu ermutigen, sich als Christen in der Welt, in ihrem Beruf, in ihrem Privatleben oder in der Nachbarschaft zu bewähren und zu engagieren. Er sollte die Bereitschaft wecken, sich für Randgruppen, für Arbeitslose, Behinderte oder anderweitig benachteiligte Menschen einzusetzen.

Gleichberechtigt zum Gottesdienst sind daher Gruppen oder Gemeindeprojekte zu werten, die mit ihrem Dienst und Engagement in den Stadtteil oder in das Dorf hineinwirken. Ohne solchen Dienst, ohne dass Gemeinde „Kirche für andere" (Bonhoeffer) sein will, verliert sie ihre Lebendigkeit und Glaubwürdigkeit.

Dass unsere Kirchen heute oft leer, unsere Gottesdienste oft so schlecht besucht sind, wird man nicht nur dem kirchlichen oder religiösen Desinteresse der heutigen Gesellschaft zurechnen dürfen. Man wird darin auch eine Folge dessen sehen müssen, wie sehr wir es als Gemeinden versäumen, *„Salz der Erde"* zu sein. Bezeichnend dafür ist, wie Gemeinden aufblühen, wenn sie sich in der Gesellschaft, in der sie leben, engagieren. Mit ihrem Wort und ihren Taten, mit ihren Projekten und Diensten gewinnen sie Aufmerksamkeit und Zuspruch. Dies auch gerade dann, wenn sie in bestimmten Kreisen Widerspruch hervorrufen und ihnen das Verdikt entgegengehalten wird, zu politisch oder zu sehr „links“ zu sein.

Folgen wir der Verkündigung Jesu, werden wir in unserem Reden und Tun nicht um jeden Preis ausgewogen sein wollen, um ja keinen Anstoß zu erregen. Denn das Erregen von Anstoß bis zum öffentlichen Skandal (Ärgernis) gehört zur Verkündigung Jesu.

In unserem Reden und Handeln sind wir durch Christus angenommen als Menschen mit unserer Unzulänglichkeit und Schuld. Wie sehr wir Vergebung brauchen und von ihr leben, erfahren wir auch gerade dann, wenn wir uns von Christus, dem provozierenden Herrn, zu deutlichen Worten und entschlossenem Handeln ermutigen lassen.

ÖKUMENISCHE PREDIGTBÜCHER

Band 1	*Klaus-Peter Lehmann* **Es ströme das Recht wie Wasser** Predigten und Ansprachen 2005. 100 Seiten. Paperback. € 9,80 ISBN 978-3-927043-23-7
Band 2	*Karl H. Asbrock* **Über Narren und andere Christen** Predigten und Radioandachten 2006. 100 Seiten. Paperback. € 9,80 ISBN 978-3-927043-24-4
Band 3	*Joachim Teetz* **Dem Leben zum Leben verhelfen** Predigten, Bildbetrachtungen, Ansprachen 2005. 104 Seiten. Mit 6 Farb- und 2 Schwarz-weiß-Abbildungen. Paperback. € 10,80 ISBN 978-3-927043-25-1
Band 4	*Hildebrand Henatsch* **Wilhelmsburger Predigten** 2007. 92 Seiten. Paperback. € 9,80 ISBN 978-3-927043-28-2
Band 5	*Peter Godzik* **Leuchten wie des Himmels Glanz** Ausgewählte Predigten 2008. 168 Seiten. Paperback. € 16,80 ISBN 978-3-927043-34-3

STEINMANN VERLAG
www.oekumenische-predigtbuecher.de
www.steinmannverlag.de